FISCHER
BOOT

Frederik Hetmann

Schüler spielen
THEATER

Spielvorlagen
Anleitungen
Erfahrungsberichte

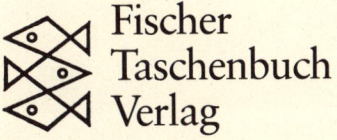

Fischer
Taschenbuch
Verlag

Fischer BOOT
Lektorat Christel Schütz

Die Szenenfotos wurden freundlicherweise von Ursula Zeidler und Ralf Heil
zur Verfügung gestellt.

Originalausgabe
Fischer Taschenbuch Verlag
August 1981
Umschlagentwurf: Hansjörg und Evi Langenfass, Ismaning
Fotos: Rudi Kratz und Ursula Zeidler
Fischer Taschenbuch Verlag GmbH, Frankfurt am Main
© Fischer Taschenbuch Verlag GmbH, Frankfurt 1981
Satz: Fotosatz Otto Gutfreund, Darmstadt
Druck und Bindung: Clausen & Bosse, Leck
Printed in Germany
780-ISBN-3-596-27515-6

Inhalt

Wegweiser durch dieses Buch 7
Werkstattbericht zu
Freie Fahrt und Nachruf auf eine Eule 11
Regieanweisungen und technische Angaben 15
Rollenbuch
Frederik Hetmann: Freie Fahrt 15
Regieanweisungen und technische Angaben 21
Rollenbuch
Frederik Hetmann: Nachruf auf eine Eule 22
Der Lehrer berichtet. 49
Der Schulleiter schreibt 54
Die Eltern schreiben. 56
Das Presseecho 57
Werkstattbericht zu Die Ballade von Sacco und Vanzetti 59
Regieanweisung und technische Angaben 72
Zeittafel 74
Rollenbuch
Frederik Hetmann: Die Ballade von Sacco und Vanzetti 74

Der vorliegende Band enthält drei Texte, die der Autor in den letzten Jahren in Zusammenarbeit mit Schülern und Lehrern an einem Gymnasium und an einer Haupt- und Realschule erarbeitet hat.

Zielvorstellung bei dieser Arbeit und den jeweiligen Aufführungen an den Schulen bzw. in Jugendgruppen und Bibliotheken war es vor allem, Geschichten für Jugendliche lebendig werden zu lassen.

Schreibend, probend und spielend wollten wir uns klarmachen, daß Literatur nicht unbedingt etwas sein muß, das zwischen zwei Buchdeckeln versteinert und verstaubt, sondern mit unserer Realität zu tun hat.

Wir wollten erkunden, ob Texte die Möglichkeit bieten, persönliche Fragen und Probleme, indem man sie aus sich heraus stellt, bewußt werden zu lassen.

Wir wollten den Spaß erfahren, den es macht, in die Rolle eines anderen zu schlüpfen.

Dabei kommt zu dem gesprochenen Wort auch die körperliche Bewegung und die Gestik, die Verkrampfungen lösen, einen locker und spielerisch beweglich machen kann; die Erfahrung im Umgang mit Requisiten und mit den technischen Einrichtungen einer Bühne und das Erlebnis, wie die eigene Stimme, Mimik oder die Auffassung von einer Rolle auf andere wirken.

Ich habe die nachfolgenden drei Spielvorlagen deswegen zu einem Buch zusammengefaßt, weil wir, also jene, die an diesem Experiment teilgenommen haben, anderen die Möglichkeit geben wollen, sich ebenfalls spielerisch zu versuchen.

Die Bereitschaft, an einer Schule oder in einer Jugendgruppe Theaterspiel zu versuchen, ist häufig vorhanden.

Die ersten Schwierigkeiten gibt es meistens schon bei der Suche nach einer geeigneten Spielvorlage. Häufig hat man auch keine realistischen Vorstellungen darüber, welche Probleme auftauchen, wenn man versucht, einen solchen Plan in einem »Schulbetrieb« mit seinen Stundenplan- und Leistungszwängen zu verwirklichen.

Auch wir – und damit sind jetzt die beteiligten Schüler, Lehrer und der Autor gemeint – haben in dieser Beziehung manches Lehrgeld zahlen müssen.

Schwierigkeiten lassen sich besser überwinden, wenn man sich darüber im klaren ist, was alles auf einen zukommt. Sie sollten vor allem nicht dazu führen, daß der Spaß dabei zum Teufel geht.

Die Werkstattberichte, die jeweils den eigentlichen Texten der Spielvorlagen vorangestellt sind, schildern die Erfahrungen bei der Theaterarbeit am konkreten Einzelfall. Dabei werden Hindernisse, die sich ergeben haben, Tücken, Mucken, Fallgruben, in die wir getappt sind, Situationen, in denen wir uns auf die Nerven fielen und dieser oder jener von uns schon drauf und dran war, alles hinzuschmeißen, nicht verschwiegen werden. Es ist freilich die Frage, ob man aus Erfahrungen anderer lernen kann. In dem einen oder anderen Punkt wird das vielleicht doch möglich sein.

Mit ähnlicher Absicht sind den eigentlichen Stücken jeweils noch einige Bemerkungen nachgestellt, in denen erklärt wird, welche technischen Hilfsmittel wir bei der Aufführung gebraucht haben und welche Möglichkeiten, sich diese zu beschaffen oder selbst herzustellen, eventuell bestehen. Es werden dort auch Vorschläge zu Regieeinfällen gemacht, die wir nicht verwirklichen konnten.

Im übrigen freilich sind dem Spaß des Erfindens damit keine Grenzen gesetzt, sondern man möge bitte Texte wie Regieangaben als veränderbar auffassen. Ein solches Theaterspielen, wie wir es praktiziert haben, und wie es in diesem Buch beschrieben wird, kann nämlich auch ein sehr wichtiger Anstoß zur immer gegebenen Notwendigkeit von Veränderungen sein.

Die Stücke sind im Buch nach Schwierigkeitsgraden geordnet. Damit ist zugleich auch ein lockerer Hinweis auf die Altersgruppe der Spielenden gegeben.

FREIE FAHRT ist mit 10/11jährigen Schülern unter Umständen sogar als Stegreifspiel ohne größere Vorbereitungen aufzuführen. Man kann es aber auch gewissermaßen als »Vorübung« zu dem dann folgenden, schwierigeren Text NACHRUF AUF EINE EULE, der für Jugendliche etwa ab 13/14 Jahren als Spielvorlage in Frage kommt, einstudieren.

DIE BALLADE VON SACCO UND VANZETTI wurde realisiert mit Schülern der Sekundarstufe II eines Gymnasiums, also mit Jugendlichen, die 17/18 Jahre alt waren.

Während die beiden ersten Stücke um Erfahrungen und Probleme kreisen, die den Schülern vertraut sein werden, setzt die BALLADE gewisse Kenntnisse der Rechts- und Sozialgeschichte sowie der politischen Situation in den USA während und nach dem I. Weltkrieg voraus. Sie führt in eine andere Welt. Sie macht das Sicheinleben in die Lebensbedingungen einer sozialen Randgruppe notwendig. Darin liegt eine gewisse Schwierigkeit, aber auch eine Herausforderung.

Zu den beiden ersten Stücken finden sich im Werkstattbericht auch Äußerungen der Lehrer, Schüler und der Eltern zu der Theaterarbeit.

Sie aufzunehmen, schien mir wichtig, um auch einen Eindruck davon zu vermitteln, in welchem Maße eine solche Aktivität das Gemeinschaftsleben einer Schule beeinflussen kann.

Wo immer die Tagespresse unsere Aufführungen zur Kenntnis nahm, habe ich die entsprechenden Artikel ebenfalls im Werkstattbericht zitiert.

Besonders aus den Reaktionen der Presse auf die Aufführung der BALLADE VON SACCO UND VANZETTI in Rüsselsheim lassen sich Hinweise darüber entnehmen, wie wichtig auch eine Vorbereitung auf den Besuch einer solchen Aufführung ist, und welche Probleme organisatorischer Art in Hinblick auf die Altersgruppen der Zuschauer bedacht sein wollen.

Bei all dem sollte man im Sinn behalten, daß es bei den hier vorgestellten Stücken und ihren Aufführungen den Beteiligten nicht darum ging, mit professionellem (Jugend-)Theater in Konkurrenz zu treten, sondern mit Spaß, Spielfreude und Improvisationsvermögen sich selbst zu erfahren, andere Menschen in ihren Rollen, Eigenarten, Freuden und Problemen besser begreifen zu lernen und miteinander als eine Gruppe oder Team spielerisch etwas zu tun.

Nomborn/Westerwald   Frederik Hetmann
im November 1980

Werkstattbericht zu

FREIE FAHRT
und
NACHRUF AUF EINE EULE

Als ich im Herbst 1979 als »Schriftsteller im Bücherturm« nach
Offenbach kam, war die Arbeit mit einer Gruppe von Schülern aus
der Sekundarstufe II eines Duisburger Gymnasiums (siehe Werk-
bericht) über die BALLADE VON SACCO UND VANZETTI gerade
abgeschlossen. Da beim Magistrat der Stadt Offenbach der ver-
ständliche Wunsch bestand, der »Schriftsteller im Bücherturm«
solle Anregungen für das kulturelle Leben in dieser Stadt geben,
schlug ich vor, auch hier wieder mit Schülern, diesmal aber mit
jüngeren, zu arbeiten. Durch Vermittlung von Herrn Manfred
Gross, der zu dieser Zeit Mitglied des Magistrats und zugleich
Schulleiter war, wurde an der Geschwister-Scholl-Schule in Offenbach ein Kurs für Jugendliteratur und Jugendtheater im Rahmen
des Stundenplans eingerichtet. Unser Kurs, zu dem sich etwa 25
Schüler für zwei Jahre verpflichteten, fand an zwei Stunden,
jeweils am Mittwochnachmittag statt. Beigegeben wurde dem
nicht schulerfahrenen ortsfremden Gaukler (mir) der Deutschlehrer Herr Waldenmayr, der auch für die notwendige Kontinuität
Sorge trug, wenn der Schriftsteller einmal auf Lesetour gehen

mußte. Die Zusammenarbeit zwischen einem Deutschlehrer und einem Autor hat sich aus meiner Sicht als sehr produktiv erwiesen.

Die Schüler waren zu Beginn des Kurses, im Herbst 1979, 13 bzw. 14 Jahre alt. Sie kamen teilweise aus einer Realschule, zum andern Teil besuchten sie eine Hauptschule. Die zwei Schulstunden, die uns zur Verfügung standen, nutzten wir zunächst zur Besprechung und Diskussion von Kinder- und Jugendbüchern bzw. von Trivialliteratur, die, wie sich nach einiger Zeit herausstellte, die »Wunschlektüre« der Jugendlichen darstellte, später dann zur Theaterarbeit. Durch diese Aufteilung ist es auch erklärlich, daß es relativ lange, nämlich ziemlich genau ein Jahr dauerte, bis beide Stücke FREIE FAHRT und NACHRUF AUF EINE EULE zur Aufführung kommen konnten. Da es uns bei Beginn des Kurses an geeigneten Spielvorlagen fehlte, beschlossen wir, die Stücke nach den Texten zweier Kurzgeschichten aus meinem schon als Taschenbuch vorliegenden Band BITTE NICHT SPUCKEN (Otto Maier Taschenbuch Verlag) zu entwickeln. Für die Geschichte FREIE FAHRT entschieden wir uns deswegen, weil ihre Umsetzung relativ einfach ist. Ihre Dialoge sind grotesk. Das gefiel. An schauspielerischen Fähigkeiten werden keine allzu großen Ansprüche an die Jugendlichen gestellt. Ein gewisses Problem schien mir, daß die Hauptperson ein fünf- oder sechsjähriges Kind ist. Wir haben es, ohne daß es deswegen Identifikationsschwierigkeiten gegeben hätte, von jenem Jungen spielen lassen, der uns in den ersten Stunden als »Gruppenkasper« aufgefallen war. Im Laufe der Theaterarbeit erwies er sich als ein sensibler Jugendlicher, dem, so glaubte ich beobachten zu können, seine nicht einfache Rolle ein wenig half, auch seine eigenen Probleme im Spiel aus sich herauszustellen.
Überhaupt erlebt man da so seine Überraschungen. Die Arbeit am Stück deckte bei verschiedenen Jugendlichen in der Gruppe Talente auf, von denen ich mir nach dem Eindruck der ersten Stunden nichts hatte träumen lassen. Das Stück FREIE FAHRT war nicht zuletzt auch wegen seiner Kürze gewissermaßen als Fingerübung sehr gut geeignet. Nachdem wir mit der Einstudierung nach drei Monaten fertig waren, legten Herr Waldenmayr und ich der Klasse verschiedene andere Geschichten aus dem Band BITTE NICHT SPUCKEN vor und ließen sie selbst entscheiden, welche davon wir als nächste in ein Stück umsetzen wollten. Die Gruppe

entschied sich für die wohl schwierigste Geschichte NACHRUF
AUF EINE EULE. Schwierig vor allem wegen der Figur der Lehrerin
Frau Euler. Andererseits begriff ich sehr wohl, daß es die Gruppe
reizte, Konflikte darzustellen, über die sie aus dem Schulalltag
genau Bescheid wußten. Da in dem schon vorliegenden Text der
Geschichte Frau Euler immer nur als Lehrerin dargestellt wird,
schien es uns nötig, zum besseren Verständnis ihrer Probleme auch
ihre private Sphäre näher zu beleuchten. Zunächst dachten sich
alle Jugendlichen einen Lebenslauf für Frau Euler aus. Wie war sie
zu jener verklemmten und deswegen tückischen Lehrerin geworden, als die sie die Schüler kennenlernten? In einem der Lebens-
läufe hieß es: »Als Frau Euler 8 Jahre alt war, waren es ihre Eltern
leid, sich länger mit ihr herumzuschlagen und gaben sie in ein
Waisenhaus.« Der betreffende Schüler erhielt dann bis zur nächsten Stunde den Auftrag, sich bei einem Sozialamt zu erkundigen,
unter welchen Umständen Kinder überhaupt in ein Waisenhaus
kommen.
Nachdem wir uns den Lebenslauf ausgedacht hatten, der in direk-
ter Form in der Spielvorlage nicht auftaucht, wurden dann die
Schüler ermutigt, selbst ergänzend zu der von mir verfaßten Spielvorlage Szenen zu schreiben. Zwei dieser Szenen sind in die
Spielvorlage aufgenommen worden, nämlich die Szene im Lehrer-

zimmer und die Szene in der Klasse, in der die Schüler Karten spielen. Nach einem Jahr waren wir soweit, daß wir an eine Aufführung denken konnten. Wir spielten zunächst dreimal vor den Schulkollegen der Jugendlichen und schließlich in einem weit größeren Raum vor 300 Eltern und interessierten Pädagogen. Nachdem so eine gewisse Sicherheit erlangt wurde und wir uns auch mit den Einzelheiten des technischen Ablaufs gut vertraut gemacht haben, haben wir nun das Stück auch an anderen Schulen der Stadt und der näheren Umgebung vorstellen können. Ich habe den Schulleiter, den Deutschlehrer, einige Schüler und eine Mutter gebeten, kurz zu sagen, wie jeder aus seiner Sicht Theaterarbeit beurteilt. An diese Stellungnahmen schließen sich dann einige Berichte aus der örtlichen Presse an.

Den Schülern hatte ich bestimmte Fragen vorgegeben, auf die alle Teilnehmer des Kurses antworteten. Da sich bei den Antworten bestimmte Gesichtspunkte wiederholen, habe ich eine einigermaßen repräsentative Auswahl zu treffen versucht.

Regieanweisungen und technische Angaben

zu: FREIE FAHRT

An Requisiten werden benötigt: ein Kofferkuli, wie er auf Bahnhöfen zum Transport des Gepäcks benutzt wird, oder ein ähnliches Gefährt. Für Proben kann man das Wägelchen auch durch einen Stuhl ersetzen. Für den Mann in Uniform eine Uniformjacke, für das Büro des Stationsvorstehers einen Schreibtisch mit Schreibmaschine, Stempel und Stempelkissen, Papier. Alle übrigen Personen können in normaler Kleidung auftreten.

Rollenbuch

Frederik Hetmann:
FREIE FAHRT

Personen

SPRECHER
VATER
FENZ
PASSANT
MANN IN UNIFORM
BAHNHOFSVORSTEHER
FRÄULEIN ELVIRA

SPRECHER Es war einmal ein noch ziemlich kleiner Junge, der nannte sich selbst Fenz.

Er ging mit seinem Vater gern auf den Bahnhof. Nicht, um zu verreisen, nur so... um den Güterwaggons beim Rangieren zuzusehen, um Pfefferminzplätzchen aus dem Automaten zu ziehen, um die Schaffner pfeifen zu hören und um zu beobachten, wie die Leute, die zu spät kamen, rennen mußten, wenn sie den Zug noch erwischen wollten.

Fenz stellte sich auch gern auf die große Waage vor dem Klo und betrachtete die bunte Schlange, die hinter dem Glas tanzte, oder er versteckte sich in den Schließfächern, die gerade nicht mit Gepäck belegt waren und deren Türen offen standen.

Am liebsten kletterte er auf einen Kofferkuli und ließ sich von seinem Vater schieben.

Der Kofferkuli war die Lokomotive, Fenz der Lokomotivführer, und im dicken Bauch seines Vaters saß der starke Elektromotor. Es war eine sehr schnelle Lokomotive. Sie erreichte eine Höchstgeschwindigkeit von mindestens 250 Stundenkilometern, wenn sie durch die Bahnhofshalle raste.

VATER Gut festhalten! Sonst gibt es einen Unfall.

FENZ Weiß ich doch, paß du nur auf, daß dir nicht die Puste ausgeht.

SPRECHER Die Lokomotive ratterte los über die glitzernden Steinplatten. Schienen brauchte sie keine. Sie konnte kreuz und quer fahren, wie sie gerade wollte.

PASSANT Können Sie mir sagen, wann der nächste Zug nach Essen fährt?

MANN IN UNIFORM Halt...! Was soll dieser Unsinn? Unerhört!

FENZ Gehen Sie aus dem Weg, bitte. Sie werden sonst noch überfahren. Das sieht man doch.

SPRECHER Der Mann in Uniform schien keinen Spaß zu verstehen.

MANN IN UNIFORM Hören Sie mal, was soll das? Ich bin im Dienst. Ich muß doch sehr bitten.

FENZ Ich bin auch im Dienst.

MANN IN UNIFORM Halt du deinen Mund, du verstehst das noch nicht, du bist noch zu klein... aber Sie...

Kofferkulis sind nicht für solche Dummheiten da.

FENZ Er kann Sie nicht hören. Er ist nämlich ein Elektromotor.

MANN IN UNIFORM Das interessiert mich nicht im geringsten.

SPRECHER Der Vater gab einen surrenden Ton von sich.

FENZ Hören Sie doch!

MANN IN UNIFORM Zum letztenmal, nehmen Sie das Kind von dem Kofferkuli herunter!

VATER Na, na...

MANN IN UNIFORM Ist Ihnen klar, daß ich Sie unter Strafe nehmen könnte? Sie können froh sein, daß ich heute meinen großzügigen Tag habe.

VATER Ich verstehe. Lokomotivführer YZ 7, bitte verlassen Sie den Führerstand. Ihre Lokomotive wird anderswo gebraucht.

FENZ Scheiße.

MANN IN UNIFORM Ihr Sohn hat ja eine nette Ausdrucksweise.

VATER Mein Sohn hat doch recht. Sie haben uns unser ganzes schönes Spiel verdorben. Aber gut, wenn der Kofferkuli gebraucht wird... ich sehe das ein.

MANN IN UNIFORM Es geht nicht allein darum, mein Herr, es geht um das Prinzip.

FENZ Was ist Prinzip?

SPRECHER Sein Vater hatte ihm nämlich gesagt, er solle immer fragen, wenn er ein Wort nicht verstehe, also fragte er.

FENZ Was ist denn nun Prinzip?

VATER Wenn man von einem Kofferkuli absteigen muß, obwohl er anderswo gar nicht gebraucht wird.

17

MANN IN UNIFORM Mann, werden Sie bloß nicht unverschämt. So können Sie bei mir nicht landen... bei mir nicht. Ich sage Ihnen, ich kann hart werden, wenn's sein muß.

SPRECHER Jetzt schlagen sie sich, dachte Fenz. Ob der Vater wohl stärker ist als der. Aber es kam nicht dazu. Der Blick des Mannes fiel wieder auf ihn.

MANN IN UNIFORM Du bist ja immer noch nicht abgestiegen, du Wanze.

SPRECHER Fenz begann zu heulen. Laut, noch lauter. Er schrie wie am Spieß. So jedenfalls nannte seine Mutter diese Lautstärke. Sie sollen nur alle merken, daß ich Angst habe, dachte er. Vielleicht kommen sie dann alle angerannt, schimpfen mit diesem blöden Kerl, und wir können dann weiter Lokomotive spielen. Aber niemand kam. Und der Vater sagte auch nur:

VATER Komm jetzt. Wir geben's auf. Und hör auf zu heulen. Sonst gibt es noch eine Überschwemmung, und wir müssen den technischen Notdienst rufen, damit er den Bahnhof leerpumpt.

FENZ Wie neulich unten am Rhein? Das wäre ja prima.

MANN IN UNIFORM Na also, warum denn nicht gleich so.

FENZ Putz mir die Nase. Du könntest dir auch mal wieder ein neues Taschentuch aus dem Schrank holen. Das hier ist nicht mehr sauber.

VATER Es hat noch eine saubere Ecke.

FENZ Ich möchte Pfefferminz.

VATER Nein.

FENZ Warum nicht?

VATER Wir haben eine Schlappe einstecken müssen. Kein Grund zum Feiern.

FENZ Was ist eine Schlappe?

VATER Wenn man etwas hinnimmt, was man nicht hinnehmen sollte.

FENZ Vielleicht hättest du den Mann umhauen sollen. Das hätte vielleicht gekracht, wenn der hingeflogen wäre.

VATER Damit mich die Polizei wegen solchen Blödsinns ins Loch steckt. Nein du, ich weiß da etwas Besseres. Vielleicht klappt es... vielleicht. Freu dich nicht zu früh. Ich hab gesagt, vielleicht, aber wir wollen es wenigstens einmal versuchen.

FENZ Was machen wir?

VATER Wir gehen zum Bahnhofsvorsteher, der ist für alle Lokomotiven zuständig.

BAHNHOFSVORSTEHER Bitte, meine Herren, was kann ich für Sie tun?

VATER Wir wollen uns nur einmal erkundigen, ob es verboten ist, mit Kofferkulis... diesen kleinen Wagen für das Handgepäck, na, Sie wissen schon... ob es also verboten ist, mit diesen Wägelchen Lokomotive zu spielen.

BAHNHOFSVORSTEHER Mmm, diese Frage ist mir auch noch nicht untergekommen!

VATER Wir bitten, daß diese Frage geklärt wird.

FENZ Ja... bitte!

BAHNHOFSVORSTEHER Also, eine besondere Verordnung gibt es darüber wohl nicht... soviel ich weiß. Ich würde sagen, wenn Kofferkulis gerade nicht gebraucht werden und man beim Spielen vorsichtig ist...

FENZ Vorsichtig sind wir. Mein Vater ruft immer, bevor wir abfahren: Halt dich gut fest. Und ich sag dann: Weiß ich doch.

BAHNHOFSVORSTEHER Also, wenn man vorsichtig ist, wäre wohl in Ausnahmefällen nichts dagegen einzuwenden. Natürlich, wir sind hier kein Kinderspielplatz.

FENZ Hat er ja gesagt?

VATER Fast.

FENZ Komische Lokomotive, die fast fährt.

VATER Könnten Sie uns Ihre Ansicht zu dieser Frage schriftlich geben? Es gibt nämlich da draußen einen wild gewordenen Mann in Uniform, der etwas dagegen hat, wenn man mit Kofferkulis spielt.

BAHNHOFSVORSTEHER Ihr seid mir vielleicht zwei komische Typen, aber wenn euch das nun einmal solchen Spaß macht... von mir aus. Ich bin doch ein Gemütsmensch, nicht wahr, Fräulein Elvira?

FRÄULEIN ELVIRA Ich kann nicht klagen.

BAHNHOFSVORSTEHER Tja, aber was schreibt man denn da?

VATER Darf ich Ihnen behilflich sein?

BAHNHOFSVORSTEHER Ja bitte, diktieren Sie!

VATER Ich bin der Meinung, daß es, die nötige Vorsicht und Rücksichtnahme vorausgesetzt, gegen keine Vorschrift der Deutschen Bundesbahn verstößt, mit Kofferkulis, sofern diese nicht von Reisenden gebraucht werden, Lokomotive zu spielen. Freilich übernimmt die Deutsche Bundesbahn bei Unfällen, die sich ergeben könnten, keine Haftung. Der Stationsvorsteher.
(Bei jedem Komma schaut er zu Fräulein Elvira.)

FRÄULEIN ELVIRA *(unterbricht)*
   Könnten Sie bitte noch einmal etwas langsamer wiederholen.
   (Vater wiederholt noch einmal den letzten Satz).
BAHNHOFSVORSTEHER Hier Kleiner, du darfst mal stempeln.
   Mensch, wenn ich da nur keinen Ärger mit meiner vorgesetzten
   Behörde kriege.
VATER Im Gegenteil, wir werden dafür sorgen, daß man Ihnen
   eine Belobigung ausspricht. Vielen Dank.
FENZ Vielen Dank auch von mir.
SPRECHER Als sie nun wieder draußen in der Bahnhofshalle
   waren, suchten sie sich einen neuen Kofferkuli.
VATER Einsteigen und gut festhalten.
FENZ Weiß ich doch... fertig!
SPRECHER Kaum hatte die Lokomotive 150 Stundenkilometer
   erreicht, da tauchte schon wieder der Kerl in Uniform auf.
MANN IN UNIFORM Das darf doch nicht wahr sein!
FENZ Wir dürfen! Wir dürfen!
MANN IN UNIFORM Keine faulen Sprüche jetzt, diesmal kommt
   ihr mir nicht mehr ungeschoren davon.
VATER Würden Sie bitte zur Kenntnis nehmen, was auf diesem
   Papier steht. Sie können doch lesen, oder?
MANN IN UNIFORM Versteh noch einer diese Welt.
VATER Besser, Sie geben mir das Blatt wieder, falls wir uns wieder
   einmal begegnen und Sie sich nicht mehr erinnern können.
FENZ Moment.
VATER Was gibt's denn?
FENZ Überleg doch mal.
VATER Keine Ahnung.
FENZ Du hast doch vorhin die Notbremse gezogen.
VATER Ja, das stimmt.
FENZ Und hast du mir, als wir an meinem Geburtstag einmal mit
   dem Zug nach Mainz gefahren sind und dort heiße Würstchen
   gegessen haben, erklärt, wer die Notbremse zieht, ohne daß
   Gefahr besteht, der muß eine Strafe zahlen?
VATER Stimmt.
FENZ Also, zahle.
VATER Was kostet es denn, Herr Lokomotivführer?
FENZ Na, vielleicht zehn Pfennig... und dafür kaufe ich mir dann
   Pfefferminz.

Regieanweisungen und technische Angaben

zu: NACHRUF AUF EINE EULE

Als optimal für die Aufführung dieses Stücks haben sich zwei größere Podeste herausgestellt. Auf dem einen kann das Klassenzimmer, in dem viele Szenen spielen, stehengelassen werden (Tafel, Schultische und Stühle). Auf dem anderen Podest lassen sich ohne große Umbauten der Requisiten (Tisch mit mehreren Stühlen) die Wechsel zwischen Lehrerzimmer und elterlicher Wohnung von Ilse markieren. Die warnende Rede des Direktors über den Lehrermangel haben wir bei unseren Aufführungen über Tonband eingespielt. Auf den Podesten, die jeweils vor einer dahinterliegenden Tür stehen sollten, spielten wir ohne Vorhang. Bei einer Guckkasten-Bühne mit Vorhang nehmen die Umbauten meistens relativ viel Zeit in Anspruch und hemmen den Spielfluß. Ein gewisses Problem ergibt sich in der Szene, in der der Stuhl zusammenbricht. Wir hatten uns dazu einen Stuhl ohne Sitzfläche besorgt und das Loch mit einer Schaumstoffplatte zugedeckt. Aufpassen muß man, daß diese Szene nicht in Klamauk ausartet. Überhaupt sollte die Auswahl des Mädchens, das Frau Euler darstellt, gut überlegt werden. Eine weitere Klippe stellt jene Szene am Ende des Stücks dar, in der der Lehrer der Klasse den Tod von Frau Euler mitteilt. Hier ist die Gefahr, daß Pathos komisch wirkt und Gelächter auslöst. Der Lehrer sollte also die Mitteilung sachlich und nüchtern machen und erst dann, wenn er die Geldsammlung ankündigt, sich wieder etwas burschikos geben.
Bei allen Stücken ist es angebracht, sofern möglich, die Rollen doppelt zu besetzen. Zur Beleuchtung genügt unter Umständen ein Spotlight. (Ein auf jeweils einen Punkt zu richtender beweglicher Scheinwerfer.)

Rollenbuch

Frederik Hetmann:
NACHRUF AUF EINE EULE
Ein Spiel für Schüler

Personen

ILSE	
MARTHA	Schülerinnen
CORNELIA	
ELSBETH	

PETER MÜLLER, *genannt Karotte*	
HORST GÄBERT, *genannt Pelle*	
RONALD	Schüler
SIGGI	

FRAU EULER, *Lehrerin für Erdkunde u. Geschichte*	
HERR HABER, *Klassenlehrer*	
DIREKTOR	
HERR KAHL	
FRAU SENF	Erwachsene
FRAU LEBIG	
ILSES VATER	
ILSES MUTTER	

Requisiten:
   vier Schulbänke
   eine Tafel
   Lehrerpult
   der Stuhl, mit dem man einbricht
   Küchentisch, drei Stühle, Messer, Topf
   Tonband mit zwei Einspielungen

Licht:
   Spot Vorderbühne
   Möglichkeit Hinterbühne zu verdunkeln,
   während Vorderbühne beleuchtet wird

Souffleuse
Script-Girls

ILSE *(allein auf der Bühne)* Ich heiße Ilse. Ich gehe in die zweite
Klasse der Realschule. Ich bin 13 Jahre alt.
*(Zwei Schüler kommen rechts aus dem Bühneneingang, werfen
einen Blick auf Ilse, deuten mit den Fingern auf sie und laufen
dann, den Vers rufend, rechts an dem Publikum vorbei nach
hinten)*
RONALD und KAROTTE Ilse/Bilse,
keiner willse,
kam der Koch
und nahm sie doch.
ILSE Mir hängt das schon zum Hals und aus den Ohren heraus.
Was anderes fällt denen auch nicht ein. Immer dieser blödsin-
nige Vers.
Aber es gibt da schon noch etwas anderes... diese Sache, diese
verdammte Sache. Da weiß ich mir wirklich keinen Rat. Und es
gibt niemanden, den man mal fragen könnte. Plötzlich soll ich
an allem schuld sein. Aber das nehm ich nicht so hin. Das laß ich
nicht so ohne weiteres auf mir sitzen. Die Sache mit Frau
Euler... das war schon schlimm. Aber ich habe versucht, etwas
zu tun. Ich habe mir wirklich Mühe gegeben. Mich würde mal
interessieren, wie das andere sehen... ja, Sie und Sie... und Sie
dahinten auch *(schlägt sich an den Kopf)*. Aber um etwas dazu
zu sagen, müßten Sie natürlich erst einmal die ganze Geschichte
kennen.
(Vorhang)

ZWEITE SZENE

*Die Klasse, insgesamt acht Schüler, Mädchen und Jungen, an vier
Tischen, eine Tafel, ein Lehrerpult. Das übliche Durcheinander
vor Beginn einer Stunde. Frau Euler betritt die Klasse. Sie sollte
schon etwas komisch aussehen. Vielleicht hat sie eine Nickel-
brille auf, die schlecht sitzt, und trägt einen überlangen Woll-
schal.*
FRAU EULER Also... mein Name ist Euler... Lieselotte Euler *(sie
schreibt den Namen an die Tafel)*.
(Schon beginnt die erste Unruhe)
RONALD Ne ziemliche Schreckschraube.

SIGGI Eine Vogelscheuche nenne ich das.

(Frau Euler unterbricht das Anschreiben ihres Namens. Sie dreht sich zur Klasse um. Die Unruhe legt sich. Nur Pelle verzieht das Gesicht zu einer Grimasse. Einige lachen.)

FRAU EULER Was gibt's denn da zu lachen? *(sie schaut Müller an).* He... du da... wie heißt du?

KAROTTE Peter Müller, gute Frau!

(Wieder Gelächter)

FRAU EULER Was hast du da gesagt?

KAROTTE Na, meinen Namen halt!

FRAU EULER Du hast noch etwas gesagt!

KAROTTE Ich habe »gute Frau« gesagt.

FRAU EULER Und was sollte das heißen?

KAROTTE Ach, das sagt man halt so.

FRAU EULER Man sagt das nur so! Ich weiß genau, das war gegen mich gerichtet.

KAROTTE Wenn Sie's so auffassen wollen, kann ich's auch nicht ändern.

FRAU EULER Du bist reichlich unverschämt. Und warum hast du vorhin gelacht?

KAROTTE Hab ich gelacht?

FRAU EULER Natürlich hast du gelacht... meinst du, ich bin blind?

KAROTTE Ne, nur eben hinten haben Sie keine Augen, und Pelle sah zu komisch aus.

FRAU EULER Wer ist nun wieder Pelle?

KAROTTE Ich meine den Gäbert... der hat ne Fratze geschnitten.

FRAU EULER Wer heißt Gäbert?

PELLE Ich, Fräulein.

FRAU EULER Hinter meinem Rücken Fratzen schneiden, findest du das fair?

PELLE Nein... ich hatte Zahnweh *(wiederholt die Fratze)*.

FRAU EULER Dann solltest du vielleicht mal einen Zahnarzt aufsuchen.

PELLE Gerne. Kann ich gehen... jetzt gleich?

FRAU EULER Nein, natürlich nicht jetzt gleich.

PELLE Ich halte es wirklich kaum noch aus hier.

FRAU EULER Also meinetwegen, dann geh, aber ich werde dann deine Eltern verständigen und mich bei ihnen erkundigen. *(Pelle steht auf, setzt sich dann aber wieder)*

PELLE Also, wenn Sie es so angehen, sind meine Zahnschmerzen schon ungeheuer besser geworden.

FRAU EULER Schluß jetzt davon. Wir müssen endlich zum Arbeiten kommen.

KAROTTE Jawohl, das sage ich auch immer. Schafft das Klosett in die Küche.

FRAU EULER Ich will nicht untersuchen, wer das nun wieder war. Aber Gäbert, deine Unverschämtheit lasse ich dir nicht durchgehen. Du kommst nach der Stunde zu mir. Du kriegst dann eine Strafarbeit. Und wer jetzt noch weiter Hallotria treibt, kann sich gleich anschließen. Und jetzt hört mal alle her *(sie klatscht in die Hände, als es immer noch Unruhe gibt)*. Ich habe vor, euch großzügig und wie Erwachsene zu behandeln, aber ich darf dann doch wohl auch erwarten, daß ihr euch wie Erwachsene benehmt.

KAROTTE *(meldet sich)*

FRAU EULER Ja, was ist denn?

KAROTTE Frau Euler, ich habe nicht die geringste Lust, erwachsen zu werden.

FRAU EULER Müller, du mußt dich wohl hier in deiner Rolle als Klassenkasper bewähren. Du wirst dich deinem Freund bei seiner Strafarbeit anschließen.

KAROTTE *(lümmelig)*... wenn's sein muß.

FRAU EULER Und wenn du dich weiter so flegelhaft aufführst, werde ich deine Eltern verständigen.

(Schulhof)

CORNELIA Wie findest du sie denn?

ILSE Ziemlich schlimm.

ELSBETH Wie die schon aussieht.

ILSE Na, dafür kann sie ja wohl nichts.

ELSBETH Dieser Schal ist doch das Letzte.

CORNELIA Pelle und Karotte haben's ihr gleich richtig gezeigt.

ILSE Ach, das bringt doch nichts.

KAROTTE Ist hier von mir die Rede, schöne Damen?

ELSBETH Zieh Leine.

KAROTTE Wo ich mein Lob singen höre, bin ich gleich zur Stelle.

ILSE Mensch, schalt runter!

KAROTTE Jetzt sag nur noch, du findest die Euler Klasse!

ILSE Ich find sie gar nicht Klasse, aber bei der Schau, die Pelle und du immer abziehen, das kann einem ja auf den Wecker gehen.

KAROTTE Die Begrüßungsarie war das... Spaß muß sein.

ILSE Du und Spaß... ganz schöner Terror ist das.

KAROTTE Terror? Daß ich nicht kichere... hast du ne Ahnung, wie Terror ist... du weißt ja nicht mal, wie man das buchstabiert!

CORNELIA Leg dich doch mit dem nicht an... der kommt doch gerade eben erst in die Pubertät *(zu Elsbeth)*. Ich hab letzte Woche einen Typ kennengelernt, der ist 22 und fährt einen BMW.

KAROTTE Mit Schleudersitz hoffentlich.

PELLE Komm, laß doch die blöden Weiber.

SZENE DREI A
(geschrieben von Ingrid Hebbel)

(Im Lehrerzimmer)

HERR KAHL Endlich ist diese Stunde um, die Klasse war fürchterlich.

FRAU LEBIG Meinen Sie die 9 a? Ja, die ist wirklich schrecklich.

HERR KAHL Gibt's heute keinen Kaffee?

FRAU LEBIG Ist schon in Arbeit.

FRAU SENF Ach, ich bin richtig fertig. Am liebsten wäre ich schon vorher aus der Klasse herausgerannt.

HERR KAHL In welcher hatten Sie denn gerade Unterricht?

FRAU SENF In der 10 b. Man kann froh sein, daß diese Klasse sich bald auflöst.

FRAU LEBIG Na ja, die 9 a ist auch noch da. Gott sei Dank habe ich sie dieses Jahr nicht.

HERR KAHL Heute hätten Sie die Klasse erleben sollen! Seitdem sie diese Frau... wie heißt sie doch gleich?

FRAU SENF Meinen Sie Frau Euler, die neue Erdkundelehrerin?

HERR KAHL Ja, genau die. Die läßt aber auch alles durchgehen. Dieser Karotte sagte heute zu mir: Aber Herr Kahl, seit wann bekommen denn Erwachsene Hausaufgaben auf? Bei Frau Euler gibt es so etwas aber nicht. Am liebsten hätte ich ihm eine geklebt!

FRAU LEBIG Die wird auch noch merken, daß sie sich so bei der Klasse nicht durchsetzen kann.

FRAU SENF Natürlich wird sie, das wissen die Schüler auch und benehmen sich fürchterlich, und das auch bei den anderen Lehrern. Seit Frau Euler an der Schule ist, ist eine richtige Meuterei unter den Klassen ausgebrochen. In meiner Klasse ist die mündliche Mitarbeit um mindestens 60 % gefallen. Und ich war immer so stolz darauf, daß meine Klasse in der mündlichen Mitarbeit die beste der ganzen Schule war.

HERR KAHL Beruhigen Sie sich doch, heute hatten wir es alle nicht leicht. Und jede Klasse hat einmal ein Tief.

(Frau Lebig geht und holt das Tablett mit den Kaffeetassen)

FRAU LEBIG Hier, trinken Sie einen Kaffee, der wird Ihnen gut tun.

HERR KAHL Vielleicht sollte man einmal mit Frau Euler reden?

FRAU SENF Haben Sie sich denn schon mit ihr bekannt gemacht?

HERR KAHL Nein, ich hatte noch keine Gelegenheit. Sie, Frau Lebig?

FRAU LEBIG Oh, ich kenne sie schon, ich war auch mal auf der Anton-Bruckner-Schule.

FRAU SENF Wie ist sie denn so? Was man bis jetzt von ihr gemerkt hat, war ja nicht gerade sehr positiv.

FRAU LEBIG Sie hat eine schwere Kindheit gehabt.

(Der Direktor geht durch die Szene)

ALLE Guten Morgen, Herr Direktor!

DIREKTOR Guten Morgen.

FRAU SENF Was heißt hier schwere Kindheit. Heute wird alles auf die Kindheit geschoben. Was wollte ich da sagen, ich bin im Krieg groß geworden.

HERR KAHL Lassen Sie Frau Lebig doch erst einmal ausreden.

FRAU LEBIG Nun ja, sie ist in einem Waisenhaus aufgewachsen.

HERR KAHL Hat sie ihre Eltern nie gesehen?

FRAU LEBIG Doch, als sie volljährig wurde, suchte sie nach ihren Eltern und fand sie auch. Aber die wollten immer noch nichts von ihr wissen. Der Familie geht es finanziell zwar nicht schlecht, aber Geld allein macht nicht glücklich.

FRAU SENF Woher wissen Sie denn das?

FRAU LEBIG Sie ist so der Typ, der einem sein Herz ausschüttet, wenn er endlich mal jemanden gefunden hat, der ihm zuhört.

HERR KAHL Da hat sie ja ganz schön was durchmachen müssen. Depressionen hat sie deswegen bestimmt heute noch.

FRAU SENF Wissen Sie auch, warum sie die Schule gewechselt hat? War wohl unbeliebt, was?

HERR KAHL Also Frau Senf, Sie sind ja richtiggehend voller Vorurteile, Sie kennen sie doch gar nicht.

FRAU SENF Ha, das sagen Sie. Ich habe es gelernt, die Menschen einzuschätzen, und bei Frau Euler habe ich ein ganz ungutes Gefühl; aber Frau Lebig, Sie wollten sagen, warum sie die Schule gewechselt hat.

FRAU LEBIG So viel ich weiß, haben weder Lehrer noch Schüler sie akzeptiert; sie muß sich vorgekommen sein wie im Waisenhaus.

FRAU SENF Wird man die Klasse darüber aufklären?

HERR KAHL Das glaube ich nicht. Aber warum wechselt sie dann nicht den Beruf?

FRAU LEBIG Sie wird sich selbst noch einmal beweisen wollen, daß man sie akzeptiert. Allerdings, wenn das mißlingen sollte...

HERR KAHL Gar nicht auszudenken, wie verzweifelt sie dann sein muß.

Glockenzeichen

FRAU SENF Es hat geklingelt, ich muß jetzt in meine Klasse, bis nachher.

HERR KAHL Ich muß ja auch weg. Sie haben es gut, Frau Lebig, Sie haben jetzt eine Freistunde.

FRAU LEBIG Wie man's nimmt, ich muß noch ein paar Arbeiten korrigieren.

ILSE *(allein auf der Bühne)* Natürlich hat Frau Euler einen Spitznamen bekommen... wie alle Lehrer. Wir haben sie Eule genannt. Das hat ihr auch nicht gepaßt. Dabei liegt es doch nahe. Und eigentlich ist es doch auch ein ganz harmloser Name... wenn man bedenkt, daß es bei uns an der Schule Lehrer gibt, die »Sargnagel« gerufen werden, oder »Mäusezähnchen«. Hinter ihrem Rücken natürlich. Aber sie wissen es, und sie nehmen es hin, ohne sich zu rächen. Ist ja auch nicht so böse gemeint, wie es sich vielleicht für jemanden anhört, der unsere Schule nicht von innen kennt.

FÜNFTE SZENE

(Die Klasse. Diesmal unheimlich ruhig)

FRAU EULER Guten Morgen. Ich hab da mit euch was zu besprechen. Mir ist zu Ohren gekommen, daß ihr mich ›Eule‹ nennt. Das wollen wir zwischen uns doch mal ins reine bringen. Eine Eule ist ein Nachtvogel, ein furchterregendes Tier, und was ist denn an mir so furchterregend?
(Schweigen in der Klasse. Alle starren angestrengt und demonstrativ auf einen Punkt an der Tafel)

FRAU EULER Was soll nun wieder diese Verschwörung des Schweigens?
(Immer noch ist es mucksmäuschenstill). Nun sagt schon was! Martha, steh auf und gib deine Meinung zum besten!

MARTHA *(steht auf, sagt aber nichts.)*

FRAU EULER Also... was soll das... rede... na, wird's bald. Also gut, du willst nicht... dann bleibst du eben stehen, und wir machen unterdessen mit dem Unterricht weiter.

KAROTTE *(Meldet sich)*

FRAU EULER Was willst du denn?

KAROTTE Ich möchte auch stehen.
(Ohne ihre Antwort abzuwarten, steht er auf und steht da wie eine Eins, mit den Händen an der Hosennaht. Nach und nach stehen alle auf. Bis schließlich die ganze Klasse steht. Als Karotte aufsteht, wendet sich Frau Euler von der Klasse ab. Nach einer Weile dreht sie sich wieder herum.)

FRAU EULER *(hysterisch)* Hinsetzen. Sofort alle hinsetzen... das

ist eine systematische Störung des Unterrichts. Das ist Aufruhr. Das wird euch noch teuer zu stehen kommen. Ich trage sämtliche Schüler ins Klassenbuch ein.

PELLE ... da stehen sie schon drin...

FRAU EULER Ich... ich werde... ich hole den Direktor.

KAROTTE *(dreht sich zur Klasse).* Tut doch der armen Eule den Gefallen und setzt euch wieder hin, wie es sich für brave Kinder gehört.

(Alle setzen sich und falten die Hände)

FRAU EULER Wartet nur... ich kann auch anders... ich habe euch angeboten, daß wir kameradschaftlich-freundschaftlich miteinander umgehen wollen, aber ich kann auch anders.

SECHSTE SZENE

ILSE *(Ilse vorn auf der Bühne. Spot auf sie. Übrige Bühne dunkel).* Das war die Kriegserklärung. Und ein Krieg ist es dann auch wirklich geworden. Ein Kampf auf Biegen und Brechen. Seit diesem Tag hat es nur so Einträge ins Klassenbuch gehagelt. Bei jeder Kleinigkeit hat die Eule Benachrichtigungen an die Eltern verschickt. Meine Eltern haben zweimal einen solchen Brief bekommen. Sie nehmen so etwas nicht allzu tragisch. Mein Vater hat nach dem Grund gefragt, und ich habe ihm wahrheitsgetreu erzählt, wie es gewesen ist. Einmal hatte ich geschwatzt, das zweite Mal lediglich die Lippen bewegt.

(Licht auf der ganzen Bühne. Auftritt Vater)

VATER Woran liegt es nur, daß ihr mit Frau Euler nicht auskommt?

ILSE Sie versteht keinen Spaß.

VATER Na, eure Späße werden aber auch wohl dementsprechend sein. Seht zu, daß das in Ordnung kommt. Das fehlt mir gerade noch... bei allem, was ich sonst im Augenblick um die Ohren habe, in die Schule zu gehen und mir anzuhören, wie ihr euch immer danebenbenehmt.

(Vater ab. Licht hinten aus. Spot auf Ilse vorn)

ILSE Das war alles, was er dazu zu sagen hatte.
Ich glaube, weil ich mich in den Noten nicht auffällig verschlechtert habe, hat mein Vater die Sache nicht weiter ernst genommen.
Er ist so der Typ, der sich denkt: solange nur die Noten stimmen, ist alles in Ordnung
Aber es war nicht in Ordnung, und es kam nicht in Ordnung. Die Eule ist in den Stunden durch die Bankreihen geflattert, immer aufgeregter und hektischer, immer auf der Lauer, ob jemand die Lippen bewegt. Richtig hysterisch. Gelernt haben wir kaum noch etwas. Wenn man bei einem Lehrer nichts lernen kann, wird es einem langweilig.
Als die Eule gemerkt hat, daß die Einträge ins Klassenbuch und selbst die Benachrichtigungen an die Eltern kaum eine Wirkung hatten, ist sie dazu übergegangen, Kopfnüsse auszuteilen. Dann ist die Sache mit dem Stuhl passiert.

SIEBENTE SZENE

KAROTTE *(Kommt mit dem Stuhl herein und stellt ihn hin)*. Seht ihr den Stuhl hier. Bei der geringsten Belastung bricht er zusammen.

SCHÜLER Bravo.

KAROTTE Wenn die Eule den hinter sich hat, kann sie ihren Job als Lehrerin aufgeben und als Clown zum Zirkus gehen. Dann sind wir sie los.

KLASSE Hurra.

ELSBETH Wenn wir die Eule mal loswerden, mach ich drei Kreuze in den Kalender.

ILSE Das ist kein Spaß mehr. Das kann ganz schön weh tun, wenn die das mit dem Stuhl wirklich machen.

KAROTTE *(geht auf Ilse zu)* Sag mal, du willst dich wohl anhauen bei der?

ILSE Quatsch nicht so nen Blödsinn.

KAROTTE Ilse/Bilse
keiner willse.

ILSE Du, das macht bei mir keinen Eindruck.

RONALD Laß doch, Karotte... die strebt heut schon für das Berufsleben. Das is ne Karrierefrau.

ILSE Hör mal, Karotte...

SIGGI Sie kommt, sie kommt... die Eule kommt geflattert!

FRAU EULER Nehmt mal eure Hefte raus... ich wollte noch die Charakteristika zu den verschiedenen geographischen Zonen diktieren. Wir sind ja das letzte Mal dann nicht mehr dazu gekommen. Also, seid ihr soweit. *(Sie geht zum Stuhl, will sich hinsetzen und bricht sofort ein. Sie steckt zwischen dem Rahmen des Sitzes fest, die Beine in die Luft).*

FRAU EULER Hilfe... helft mir doch mal hier raus. Siggi, hol den Hausmeister.

SIGGI Geh ja schon...

(Pelle und Karotte gehen nach vorn)

PELLE Wir kommen Ihnen helfen, Frau Euler.

KAROTTE Wir können Sie ja schließlich hier nicht so sitzen lassen.

PELLE Das sieht nicht gut aus, was Karotte.

FRAU EULER Nun helft mir doch endlich heraus.

KAROTTE Vielleicht würden wir Sie dabei verletzen und dann gibt man uns die Schuld. Ich weiß nicht.

FRAU EULER Bitte, doch.

PELLE Seien Sie ganz ruhig, Frau Euler. Der Hausmeister wird gleich zur Stelle sein.

(Vorhang)

ILSE *(allein auf der Vorderbühne).* Es gab eine Untersuchung wegen des Stuhls, aber es ist nie rausgekommen, daß der Stuhl nicht aus der Schule stammte. Pelle spielte sich bei dieser Gelegenheit wieder einmal furchtbar auf.

PELLE Jetzt kann ja die Klasse einmal zeigen, ob sie wirklich zusammenhält.

ILSE Am liebsten hätte ich ihn geohrfeigt. *(Geht nach hinten, wo Pelle steht).* Das war schon eine Heldentat.

PELLE Du mißgönnst uns wohl den Ausblick auf Eules Unterröcke.

ILSE *(halb zu Pelle, aber sich schon wieder zum Publikum drehend).* Was soll man darauf sagen! Der Direktor kam und hielt uns einen langen Vortrag:

DIREKTOR ... ihr habt euch bei Frau Euler in Zukunft anständig zu benehmen. Wir haben Lehrermangel. Wenn Frau Euler eines Tages den ganzen Krempel hinschmeißt, weil sie keine Lust mehr hat, sich weiter mit euch herumzuärgern, dann können wir sehen, wer dann Erdkunde- und Geschichtsunterricht erteilt.

ILSE Das war ganz falsch, denn es brachte Pelle darauf, die Parole auszugeben...

PELLE *(unheimlich)* ... die Eule machen wir so fertig, daß sie sich pensionieren läßt!

ILSE Als die Eule zum Unterricht erschien, hat sie die Geschichte mit dem Stuhl mit keinem Wort mehr erwähnt, aber es war ihr anzumerken, daß sie gedacht hat.

(vom Tonband)

FRAU EULER Wartet nur, irgendwann nehme ich an euch noch meine Rache.

SZENE ACHT A
(geschrieben von Claudia Redinger)

HERR HABER Frau Euler, hätten Sie mal einen Augenblick Zeit für mich?

FRAU EULER Ja schon, um was geht es denn?

HERR HABER Ich würde mich gern mal mit Ihnen über meine Klasse unterhalten. Es gibt da Schwierigkeiten, nicht wahr? Zwischen Lehrern und Schülern müssen klare Verhältnisse herrschen.

FRAU EULER Ja, das stimmt schon, wir kommen nicht miteinander aus. Ich weiß nicht, an was das liegt. Ich gebe mir so viel Mühe.

HERR HABER Vielleicht sollten Sie mehr auf die Schüler eingehen, und über Dummheiten muß man einfach mal hinwegsehen können, und machen Sie ihnen doch mal klar, daß Sie nicht da sind, um sie zu tyrannisieren, sondern um ihnen etwas beizubringen. Wenn die Schüler das einsehen, dann sind wir schon ein ganzes Stück weiter.

FRAU EULER Ob das was nutzt? Na, versuchen kann ich es ja mal. Ich bin mit den Nerven schon ganz schön am Ende, es strengt mich unheimlich an, in dieser Klasse zu unterrichten. Wie war's bei Ihnen damals, als Sie in die Klasse kamen?

HERR HABER Ich habe keine Schwierigkeiten gehabt. Ich kann mir gar nicht erklären, daß Sie es so schwer haben. Versuchen Sie es einmal so, wie ich es Ihnen sagte und geben Sie doch nicht immer gleich Strafarbeiten auf.

FRAU EULER Na ja, Herr Haber, ich will mein Bestes tun. Wenn es nicht klappen sollte, komme ich zu Ihnen. Besten Dank.

HERR HABER Bitte bitte, auf Wiedersehen, Frau Euler.

SZENE ACHT B
(geschrieben von Christina Braun)

ILSE Frau Euler hatte einen Plan, sie wollte alle die dummen Sprüche und Grimassen einfach übergehen, so hoffte sie, würde sich unser Benehmen bessern, aber es kam doch anders.
(Es dauert lange Zeit, bis sich die Klasse beruhigt)

FRAU EULER Nun Kinder, heute werden wir mit einem neuen Thema beginnen, und zwar: »Der Vulkan«. Das wird euch sicher interessieren.
(Allgemeines Murmeln kommt auf)

KAROTTE Und wenn es uns nicht interessiert, können wir dann heimgehen?

PELLE Doofkopp, ich spiele lieber Karten. Machst du mit?

FRAU EULER Wer weiß schon etwas über die Vulkane?
(Pelle und Karotte setzen sich auf ihre Tische, Pelle fängt an, die Karten zu mischen.)

FRAU EULER Ihr wißt doch sicher, was ein Vulkan ist? Oder für die, die es noch nicht wissen, es ist ein feuerspeiender Berg. Kann mir jemand den Namen des größten Vulkans nennen?

PELLE Pik As!

MARTHA Du hast beschummelt, ich hab's genau gesehen, du doch auch, Cornelia?

CORNELIA Ja, die Pik As ist aus deinem Ärmel gerutscht!

PELLE Quatsch doch nicht so einen Blödsinn, das geht dich auch gar nichts an. Dumme Gans.

FRAU EULER Ich werde euch einen Querschnitt eines Vulkanes an die Tafel zeichnen. In dieser Zeit könnt ihr in eurem Buch nachlesen, was dort über Vulkane steht. Schlagt also Seite 143 auf.

ILSE Kann man in euer Spiel noch einsteigen? Es ist sowieso zu langweilig, was die da macht.

FRAU EULER Nun gut, wenn die Klasse nicht mit dem Thema einverstanden ist, können wir zusammen ein neues Gebiet erarbeiten.

PELLE Fertig, ich hab gewonnen. Wer will, kann einsteigen. »Ein neues Spiel, ein neues Glück.«

CORNELIA *(meldet sich)*. Wie wär's denn mit dem Thema »Die Eule«?

FRAU EULER Dieser Stoff gehört doch wohl zu dem Fach Biologie. Außerdem finde ich, daß die Eule ein schreckliches Tier ist.

PELLE Wieso? Ich finde, es würde ganz toll in diesen Unterricht passen.

(Das war zu viel, Frau Euler platzte vor Wut, sie schrie in hysterischem Ton)

FRAU EULER Jetzt reicht's mir aber, ich hatte vor, über alles, was hier vorgeht, hinwegzusehen; aber ich muß gestehen, daß dies hier nicht möglich ist. Ich werde den Rektor rufen, nein, noch besser, ich rufe alle Eltern zusammen und werde eure Frechheiten preisgeben. Außerdem schreibe ich nächste Stunde einen Test über Vulkane; mehr habe ich euch momentan nicht zu sagen!

(Klingeln)

NEUNTE SZENE

ILSE *(steht vorn, während die Klasse sitzt, Frau Euler vor der Klasse)*. Es ging auf die Ferien. Eines Tages las die Eule uns die Zeugnisnoten in Erdkunde vor.

(Ilse setzt sich)

FRAU EULER Ich lasse jetzt für diejenigen Schüler, die zwischen vier und fünf stehen, eine Übungsarbeit schreiben, damit sie sich noch verbessern können.

(Protestgemurmel der Klasse)

PELLE Frau Euler, ich habe heute Geburtstag. Sie werden es mir doch nicht antun wollen, mich an meinem Geburtstag eine Sechs schreiben zu lassen.

FRAU EULER Was fällt dir ein, von deinem Platz aufzustehen und hier nach vorn zu kommen.

(Er geht wieder nach hinten)

KAROTTE Ich habe auch Geburtstag.

RONALD Ich auch.

FRAU EULER Ruhe!

PELLE Es stimmt aber.

FRAU EULER Das läßt sich ja im Klassenbuch feststellen. *(nimmt das Klassenbuch)*. Tatsächlich... bei Gäbert stimmt es. Aber bei Ronald und Peter... natürlich nicht.

KAROTTE Ich bin katholisch... ich feiere meinen Namenstag.

FRAU EULER Also Schluß jetzt mit dieser törichten Diskussion... jetzt wird geschrieben. Ich diktiere die Fragen und ihr schreibt gleich die Antworten hin. Hat jetzt jeder einen Zettel. Erstens: Nenne typische Merkmale der subtropischen Zone.

(Vorhang)

ZEHNTE SZENE

ILSE Als die Eule nach zwei Tagen die Blätter wieder mitbrachte, eröffnete sie uns, sie habe die Arbeit jetzt bei allen bewertet. Das sei die Quittung für unsere Ungezogenheiten. Und die Quittung ist ja dann auch recht gesalzen ausgefallen. Ich gehörte auch zu denen, die eine Fünf geliefert hatten.

Nach der Pause ging ich zu Siggi, unserem Klassensprecher:

ILSE Hör mal, das war unfair. Jeder hat gehört, daß sie die Arbeit nur bei denen werten wollte, die eine Fünf bekommen sollten. Die Eule kann doch nicht mal so und mal so reden, wie es ihr am besten in den Kram paßt.

SIGGI Die Eule... wir wissen doch alle, was wir von der zu halten haben. Aber was die Arbeit angeht, da ist nichts zu machen. Wir können nur darauf hoffen, daß wir die Eule im nächsten Schuljahr loswerden.

CORNELIA Komm doch bitte mal, Ilse.

ILSE Was ist denn?

CORNELIA Das ist vergebene Liebesmühe.

ILSE Wieso?

CORNELIA Weißt du, was dieser Streber in der Zettelarbeit gehabt hat?

ILSE Nein.

CORNELIA Eine Zwei. Und da geht er doch nicht hin und beschwatzt die Eule, daß sie die Arbeit nicht werten soll.

ILSE Müßte er doch aber eigentlich. Als Klassensprecher...

CORNELIA Na du bist vielleicht naiv.

ELFTE SZENE

ILSE Vielleicht bin ich naiv. Jedenfalls gibt es ziemlich viel Gemeinheiten unter den Menschen. In einer Schulklasse ist das nicht anders, wenn man mal genau hinsieht. Ich war sauer.
Im Zeugnis bin ich durch das Ergebnis dieser verdammten Zettelarbeit von einer Drei auf eine Vier abgesackt. Die ganzen Ferien hindurch ist mir diese erbärmliche Vier eingefallen.
Dann begann die Schule wieder. Unsere Klassenlehrer diktierte den neuen Stundenplan.

HERR HABER Erdkunde und Geschichte – Frau Euler.

KLASSE Puh, pfui.

ILSE Schreien nützt nichts... wir müssen was unternehmen.

ELSBETH Ja, aber was denn?

HERR HABER Hört ihr vielleicht mal wieder auf zu schwatzen. Ilse und Elsbeth. Ja... euch beide meine ich.

ILSE Wir haben Ihnen was zu sagen.

HERR HABER Und das wäre?

ILSE Wir wollen nicht mehr Frau Euler.

KLASSE Jawohl!

HERR HABER Was heißt, ihr wollt nicht mehr.

ILSE Wir kommen einfach nicht mit ihr aus.

HERR HABER Ach was... benehmt euch anständig. Dann kommt das schon hin. Und jetzt Schluß damit und weiter im Text.

ILSE Nein, Herr Haber, wir müssen mal mit jemandem darüber reden... und Sie sind unser Klassenlehrer.

HERR HABER Nach der Stunde... wir müssen jetzt noch die Klassensprecherwahl durchführen.

ELSBETH Ich schlage Ilse vor.

MARTHA Ja, Ilse soll's machen. Vielleicht schafft die's, daß wir die Eule loswerden.

PELLE Ja... mit der Ilse gegen Eulen.

ILSE Also, wie ihr euch das vorstellt... ja, ich kandidiere. Ich glaube auch, daß ich einiges besser machen kann als Siggi. Das wird mir jedenfalls nicht passieren, daß ich eine Beschwerde der Klasse nicht vorbringe, nur weil ich selbst in der Arbeit eine Zwei gekriegt habe.

KLASSE Bravo... wir wählen Ilse, Ilse.

(Lehrer winkt ab, gestikuliert)

PELLES STIMME Mit der Ilse gegen Eulen.

Mit der Ilse gegen Eulen.

ILSE *(steht auf, geht an die Rampe)* Ich wurde tatsächlich mit fast zwei Drittel aller Stimmen gewählt. Mir war schon klar: Viele haben sich wahrscheinlich gesagt: Wenn die Ilse Klassensprecherin wird, dann gibt es Rabatz mit der Eule.

HERR HABER Nimmst du die Wahl an, Ilse?

ILSE Ja, ich nehme die Wahl an.

ZWÖLFTE SZENE

(Schüler gehen gerade hinaus in die Pause)

ILSE Herr Haber?

HERR HABER *(Am Pult schreibend. Er sieht auf).* Hm. Ich weiß schon.

ILSE Was wissen Sie?

HERR HABER Ihr wollt Frau Euler nicht mehr.

ILSE Stimmt.

HERR HABER Und warum nicht? Was steckt dahinter?

ILSE Sie und wir... wir kommen einfach nicht miteinander aus.

HERR HABER Wir müssen alle lernen, mit Menschen auszukommen, die wir nicht besonders leiden können.

ILSE Danke für den Kalenderspruch... aber vielleicht können Sie mir noch eine genauere Gebrauchsanweisung dazuliefern.

HERR HABER Indem man Rücksicht aufeinander nimmt, und wenn es Konflikte gibt, diese offen und ehrlich miteinander erörtert.

ILSE Ich glaube, es wäre besser, wenn die Klasse und Frau Euler nichts mehr miteinander zu tun hätten.

HERR HABER Ilse, du bist doch sonst ein ganz einsichtiges Geschöpf. Unter uns... jeder weiß, daß Frau Euler... wie soll ich sagen... na also, ich meine... manchmal eine etwas schwie-

rige Dame ist. Aber wir haben alle unsere Fehler. Ihr auch. Und
was das Entscheidende ist und allen weiteren Diskussionen ein
Ende setzt: Wir haben an der Schule viel zu wenig Lehrer... ich
meine wirklich gute Lehrer. Sieh mal, selbst wenn sich der Herr
Direktor entschließen würde, den Stundenplan in eurem Sinn zu
ändern: Wir haben keinen zweiten Lehrer für Geschichte und
Erdkunde. Das hat er euch doch auch schon, soviel ich weiß,
selbst einmal klargemacht. Nichts zu machen. Ihr müßt euch
mit Frau Euler vertragen. Und dir würde ich raten: Geh mal
zu ihr hin. Erklär ihr die Schwierigkeiten, die du siehst. Aber
du mußt davon ausgehen, daß sie weiterhin eure Lehrerin
bleibt. So, entschuldige, aber jetzt muß ich auf den Hof. Ich habe
Aufsicht.

(Lehrer ab. Ilse geht vor an die Rampe und sagt)

ILSE Erwachsene haben manchmal eine gemeine Art, einem einen
guten Rat zu geben, der nichts wert ist.

DREIZEHNTE SZENE

*(Kahles Zimmer. Frau Euler zunächst hinten. Auftritt Ilse. Sie geht
an die Rampe)*

ILSE Das Gespräch zwischen der Eule und mir fand am nächsten
Tag im Elternsprechzimmer statt.
*(Ilse geht nach hinten, wo in dem sonst kahlen Zimmer ein Tisch
und zwei Stühle stehen. Ilse räuspert sich)*

FRAU EULER Nimm Platz.
(Ilse setzt sich. Die Euler steht auf, geht unruhig auf und ab)

FRAU EULER So... ihr wollt mich also abschaffen.

ILSE Herr Haber hat mir gesagt...

FRAU EULER Also bitte, dies ist ja wohl ein Scherbengericht.
Früher hätte es so etwas nicht gegeben. Aber die Zeiten ändern
sich. Ich werde das auch noch überstehen, nach all den Demüti-
gungen, die mir bisher schon angetan worden sind. Was werft
ihr mir also vor?

ILSE Frau Euler, wir sollten doch...

FRAU EULER Ich will wissen, was ihr mir vorwerft?

ILSE Soll ich Ihnen ehrlich sagen, woran es liegt?

FRAU EULER Ich bitte darum.

ILSE Also gut... Sie sind einfach eine schlechte Lehrerin.

FRAU EULER Werde nicht unverschämt.

ILSE Ich meine es nicht unverschämt. Sie haben mich nach meiner ehrlichen Meinung gefragt.

FRAU EULER Ha, dich kenne ich langsam, du bist ein ganz durchtriebenes kleines Luder.

ILSE Aber Frau Euler... nehmen Sie doch von den Menschen nicht immer nur das Schlechteste an.

FRAU EULER Ihr seid schlecht, verdorben, verroht, gemein. Eine Meute seid ihr. Ihr wollt, daß ich auf der Strecke bleibe. Nur das wollt ihr. Nur das habt ihr von Anfang an gewollt.

ILSE Das bilden Sie sich nur ein.

FRAU EULER Natürlich. Ihr habt ja auch immer recht. Auch das hat Methode. Immer und immer. Aber wartet nur... ihr werdet noch so klein werden... so klein, sage ich, wie Würmer. Ich werde euch eure schäbigen Masken vom Gesicht reißen. Ihr werdet mir noch aus der Hand fressen.

ILSE Ich bin nicht hier, um mich von Ihnen beschimpfen zu lassen.

FRAU EULER Schon recht. Wir haben uns nichts mehr zu sagen, ihr werdet abgefertigt, wie ihr es verdient. Sag das der Klasse, und jetzt mach, daß du rauskommst.
(Ilse geht wie betäubt zur Tür, kurz ehe sie hinaus ist, dreht sie sich noch einmal um und sagt leise)

ILSE Dumme Kuh!

VIERZEHNTE SZENE

ILSE Am nächsten Tag hatten wir in der Erdkundestunde Vertretung. Plötzlich hatte sich also doch jemand gefunden, der nicht Euler hieß und uns beibringen wollte, in welchen Höhen in Afrika der Kaffee am besten gedeiht. In der Stunde darauf hatten wir bei unserem Klassenlehrer, Herrn Haber.

HERR HABER Zunächst einmal habe ich euch eine sehr traurige Mitteilung zu machen. Es wird sich ja schon herumgesprochen haben: Frau Euler ist tot. Die Beerdigung wird am Freitag stattfinden. Der Herr Direktor hat angeregt, daß die Klassensprecher der Klassen, in denen Frau Euler unterrichtet hat, für einen Kranz sammeln. Fünfzig Pfennig kann wohl jeder von seinem Taschengeld dazugeben.

PELLE *(Zum Publikum gedreht)*
Ja, jetzt sind wir sie doch noch losgeworden.
(Vorhang)

(Klassenzimmer, ohne Lehrer)

RONALD Ich habe gehört, sie soll sich mit Schlaftabletten vergiftet haben... am Nachmittag, nachdem Ilse das Gespräch mit ihr gehabt hat.

PELLE Ilse Bilse/keiner willse.

CORNELIA *(giftig)*. Du mußt ihr ja ganz schön zugesetzt haben, wenn sie sich das so zu Herzen genommen hat.

KAROTTE *(tritt hinzu und klopft Ilse auf die Schuler)*. Hätte ich dir gar nicht zugetraut, daß du die Eule unter die Erde bringst. Vor dir muß man sich ja in acht nehmen, Ilse Bilse.

ILSE Was willst du damit sagen?

(Black out)

SECHZEHNTE SZENE

(Eine Küche. Vater, Mutter, Ilse. Sie sind bei der Suppe)

MUTTER Morgen fahren wir aber mal ein bißchen ins Grüne.

VATER Is nicht drin... hab wieder mal nen Stapel Akten mit heim nehmen müssen. Muß bis Montag geschafft sein.

MUTTER Ach Willy. Wir haben überhaupt nichts mehr von dir. Wenigstens das Wochenende geht's doch mal ohne Akten.

VATER Nein, nein, da ist nichts zu machen. Ilse, wie war's in der Schule? Arbeit geschrieben?

ILSE Nöh.

VATER Arbeit zurückgekriegt?

ILSE Auch nöh!

VATER Ist sonst was mit dir? Du bist heute so merkwürdig!

ILSE Frau Euler ist gestorben.

VATER Welche Frau Euler denn?

ILSE Na unsere Erdkundelehrerin.

VATER Ach die... war sie denn krank?

ILSE Ich weiß nicht.

(Ilse steht auf, geht vor zur Rampe, blickt ins Publikum)

ILSE *(Mit vielen Pausen)*. Dann war wieder von etwas anderem die Rede. So wird immer alles zugeschüttet. Ich möchte mal mit jemandem wirklich ehrlich darüber reden. Aber der Mensch, der den Mut dazu hätte, müßte wohl erst noch geboren werden. Und so rede ich mit mir selbst.

Ende

Nachdem wir unsere selbstgeschriebenen Stücke an der »Geschwister-Scholl-Schule« in Offenbach aufgeführt hatten, schien es mir richtig und wichtig, alle Beteiligten – Schüler, Lehrer, Schulleiter und Eltern – danach zu fragen, wie sie unsere Arbeit beurteilten.

Bei den verschiedenen Antworten, mit denen sich vor allem Schüler und Lehrergruppen vertraut machen sollten, die selbst vorhaben, an ihrer Schule Theater zu spielen, wird etwas von den höchst unterschiedlichen Motivationen sichtbar.

Ich habe an den Antworten und Stellungnahmen bewußt nichts geändert. Ich habe auch nicht versucht, von der Fragestellung her schon gleich die Antworten in eine bestimmte Richtung zu lenken.

Vielleicht mag manch einem Jugendlichen der folgende Abschnitt etwas langweilig erscheinen, vor allem, was die Aussagen der Erwachsenen angeht. Ich halte ihn trotzdem in bezug auf das, was dieses Buch bezweckt, für wichtig. Es werden in ihm Positionen und Interessenshaltungen sichtbar, die natürlich auch dann bestehen, wenn in einer Schule nicht Theater gespielt wird. Auch als Schüler tut man gut, sich solche Positionen klarzumachen.

Die Schüler antworteten auf die folgenden drei Fragen:
1. Der Theaterkurs hat sich seinerzeit entschlossen, das Stück NACHRUF AUF EINE EULE zu spielen. Warum erschien uns gerade dieses Stück für eine Aufführung geeignet?
2. Warum habt ihr euch für den Theaterkurs angemeldet, welche Erwartungen habt ihr gehabt, haben sich eure Erwartungen erfüllt?
3. Wenn ihr nach einem Jahr Beteiligung am Theaterkurs Themen für weitere Stücke vorschlagen solltet, welche würdet ihr nennen?

Frank Bartenstein
1. Ich glaube, uns schien das Stück NACHRUF AUF EINE EULE von den drei Stücken, die wir zur Auswahl hatten, deshalb geeignet, weil wir uns in dieses Stück nach unserer Meinung am besten hineinversetzen können. Auch spielten einige Punkte der Requisiten eine Rolle. Bei den beiden anderen Stücken waren mehr Requisiten notwendig.
2. Ich habe mich aus drei Gründen für den Theaterkurs gemeldet:
   a) wegen der Ausgleichsnote

b) weil ich Spaß habe am Theaterspielen

c) weil ich vielleicht meinen Dialekt ablegen kann.

Meine Erwartungen lagen darin, daß wir Stücke wie z.B. Lausbubengeschichten oder andere spaßige Stücke spielen, und daß der Unterricht nicht zu streng ablaufen sollte. Eine meiner Erwartungen hat sich zu meinem Erstaunen erfüllt. Wogegen sich die andere Erwartung der lustigen Stücke nicht nach meinen Vorstellungen erfüllt hat.

3. Wie schon bei der zweiten Frage gesagt, würde ich Lausbubengeschichten oder Stücke mit alltäglichen Problemen, die durch Aktionen, wie mit einem Mofa auf die Bühne fahren, ausgeschmückt werden, spielen. Dadurch würde das Stück auch viel lebhafter wirken.

Andreas Eiber

1. Es gibt da zwei ganz verschiedene Gründe:

a) Wir als Schüler spielen eine Geschichte über Schüler für Schüler. Uns erschien diese Synthese für sehr geeignet, weil, wenn sie von Schülern gespielt wird, sehr viel Ausdruckskraft entwickelt werden kann.

b) Vom rein Technischen her. Denn es macht keine Schwierigkeiten, ein Klassenzimmer, ein Lehrerzimmer oder eine Küche aufzubauen, denn das ist im Alltag eines Schülers immer vorhanden und kann leicht besorgt werden.

2. Ich bin in den Theaterkurs gegangen, weil ich neugierig war, was man alles in so einem Kurs machen würde. Ich hatte mir keine größeren Erwartungen gesteckt, und so konnte ich auch nicht enttäuscht werden.

3. »Der Mofa-Krach«: Die Geschichte eines fünfzehnjährigen Jungen, der unbedingt ein Mofa haben möchte, es bekommt und sich immer mehr in das Mofa vertieft und schlechter in der Schule wird. (Schluß würde ich dem Autor überlassen.)
Eine Liebesgeschichte zweier Schüler: Ihre Schwierigkeiten, ihre Erwartungen bis hin zu ihren Enttäuschungen.
Wenn Sie jetzt fragen, warum immer über Schüler, so würde ich antworten: »Weil wir Schüler sind!«

Ingrid Hebbel

1. In diesem Stück spielt eine Lehrerin die Hauptrolle, und weil wir als Schüler selbst täglich mit Lehrern zu tun haben, können wir uns besser in das gesamte Geschehen hineinversetzen. Jeder hat seine Erfahrungen mit Lehrern, die sich, genau wie Frau Euler, nicht bei den Schülern durchsetzen können. Doch durch den Selbstmord von Frau Euler und die Schuldgefühle von Ilse bekommt das Stück seine Problematik. Es ist nicht einfach die Geschichte einer Lehrerin, sondern ein Stück, das zum Nachdenken und Diskutieren anregt. Es ist ein Stück, das außer der Lehrer-Schüler-Situation auch noch den Menschen darstellt. Viele werden sich vielleicht für das Stück entschieden haben, weil der seelische Konflikt von Frau Euler deutlich gemacht wird, ohne aufdringlich im Vordergrund zu stehen. Im Vordergrund steht das schlechte Gewissen von Ilse. Das zeigt, daß auch Jugendliche mit manchmal doch recht schwerwiegenden Problemen zu tun haben, und nicht nur Faulenzer und gewissenlose Rocker sind.

2. Ich habe mich für den Theaterkurs gemeldet, weil ich gerne lese und weil es mir einfach Spaß macht, mich in andere Personen hineinzudenken und ihre Rolle zu spielen. Auch schreibe ich sehr gerne Geschichten. Die Möglichkeit, an einem Stück mitzuschreiben, war zu verlockend. Das Mitwirken nicht zu vergessen. Bis jetzt haben sich meine Erwartungen erfüllt. Zu dem Stück NACHRUF AUF EINE EULE konnte ich eine Szene schreiben, und ich bin Souffleuse bei zwei Stücken. Außerdem habe ich Buchbesprechungen von Büchern gemacht, die ich ohne den Literatur- und Theaterkurs überhaupt nicht gelesen hätte. Daß

es auf dies alles eine Note gibt, die man als Ausgleich vielleicht einmal gebrauchen kann, ist eine angenehme Nebenerscheinung.

3. Es gibt selbstverständlich viele Themen, die man vorschlagen könnte. Zum Beispiel Schüler-Lehrer-Situationen, Eltern-Kind-Konflikt, erste Liebe, ein Stück ohne tieferen Sinn, nur zum Lachen usw. Aber ich würde eher ein Thema wählen, das noch nicht so abgegriffen ist, etwa »Probleme einer Wohngemeinschaft«. Mit etwa folgendem Inhalt:
In ein Hochhaus zieht eine Wohngemeinschaft ein. Alle Mieter sind gegen sie. Alle, bis auf eine ältere Frau (oder auch Mann). Sie freundet sich mit den vier jungen Leuten der Wohngemeinschaft an. Sie verstehen sich prima. Nun versucht diese Frau, die anderen Mieter für die Wohngemeinschaft zu gewinnen. Bei einem Grillfest, zu dem die Wohngemeinschaft alle Mieter eingeladen hat, kommt es dann zu einer Diskussion über Wohngemeinschaften. Es stellt sich heraus, daß viele überhaupt keine Vorstellung haben, was eine Wohngemeinschaft sein könnte. Nach diesem Fest wird die Wohngemeinschaft von allen akzeptiert.
Der Schwerpunkt liegt bei diesem Stück in der Vermittlung der Frau zwischen den Mietern und der Wohngemeinschaft und in der Diskussion.

Angelika Schönke
1. Ich finde das Stück NACHRUF AUF EINE EULE sehr realistisch. Es könnte noch heute aus der Zeit stammen. Es ist aus unserem Schulleben gegriffen worden. Von dem realistischen Alltag abgesehen, sind die Requisiten sehr leicht anzuschaffen und eine Klasse mit Tischen und Stühlen ist leicht aufzubauen.
2. Ich habe mich für den Theaterkurs gemeldet, weil mich vor allem das Theaterspielen sehr reizte. Ich finde, daß alle Theaterspieler eine sehr schwere Aufgabe haben. Besonders vor dem Publikum. Sie müssen ja ein Stück so vorspielen, daß die Leute es verstehen. Im großen und ganzen haben sich diese Erwartungen erfüllt. Am Anfang war ich nicht so von Herrn Kirschs Methode begeistert, bei jedem Spielstück zu unterbrechen. Wenn jemand einen Fehler macht, wird er den von allein berichtigen, sofern der Fehler schwerwiegend ist.
3. Ich würde Themen nennen, die aus unserem Alltag stammen. Z.B.: »Das Verbot von Rauchen«. Bei den meisten Jugendlichen

gibt es Krach, wenn herauskommt, daß Sohn oder Tochter
raucht. Man kann auch gut spielen, was die Schüler denken,
wenn sie schlechte Noten mit nach Hause bringen. Am besten
fände ich dann noch, wenn Schüler, Lehrer und Eltern anschließend diskutieren würden.

Jutta Wagener
1. Der wichtigste Grund scheint wohl zu sein, daß wir uns sehr gut
   dieses Stück vorstellen und auch die Personen vom Alter und
   Verhalten her spielen können. Wir haben uns überlegt, ob dieses
   Stück einmal in unserer Zeit passieren könnte: Ich persönlich
   glaube schon, daß das geht. Lehrer älterer Generationen, die
   eine wirklich schwierige Kindheit hinter sich haben, würden
   zum Teil bestimmt auch verzweifeln. Frau Euler war eine Person, die durch ihre Kindheit her sehr hart sein konnte, aber im
   Grunde auch sehr schnell zu verletzen war. Diese Rolle zu
   spielen, reizte uns auch sehr, weil sie anspruchsvoller ist. Die
   Hauptdarsteller müssen versuchen, sich ganz in die Rolle der
   jeweiligen gespielten Person reinzudenken. Auf alle Fälle ist
   dieses Stück schwieriger zu spielen als unser erstes, die FREIE
   FAHRT.
   Andere Gründe liegen vielleicht darin, daß wir selber Szenen
   schreiben sollten. Unser schriftstellerisches Können wurde auf
   die Probe gestellt, und was dabei rauskam, ist, glaube ich, sehr
   gut geworden. Dieses Stück spricht einfach jeden an, und was

toll wäre, wenn am Schluß dieses Stückes diskutiert werden könnte.

2. Vor allen Dingen war für mich maßgebend, daß Theater gespielt wurde. Jeher hat es mir Spaß gemacht, zu spielen. Und um dieses Theaterspielen zu verfeinern und auszuarbeiten, fand ich diesen Kurs geeignet. Nebenbei interessierte mich auch das Diskutieren und die Inhaltsangabe von Büchern, die gehalten werden sollten. Ich glaube, da ich mir das am Anfang noch nicht richtig überlegt habe, was in einem Kurs wie diesem so alles gemacht wird, stellte ich kaum Erwartungen an. Später allerdings fand ich es »doch nicht schlecht«, auch mal spielen zu dürfen, oder daß Lehrer mit Schülern und dem Schriftsteller ein gutes Verhältnis haben, oder daß einmal richtig diskutiert werden kann, ohne daß gestört wird.

Zum größten Teil haben sich diese wenigen Erwartungen erfüllt. Allerdings, was mich in letzter Zeit unheimlich stört, ist die Unruhe der Klasse. Spielt man gerade Theater, wird nebenher geschwätzt, und ein Ereignis hat mich besonders gestört: Christina und ich spielen in Doppelbesetzung Frau Euler. Christina hatte einmal mehrere Male hintereinander gespielt, so daß ich etwas unsicher wurde. Nachdem das Stück zu Ende war, sagte keiner einen Ton über das, was ich falsch gemacht habe – und einiges war nicht richtig. Am Ende der Stunde wurde sich beim Lehrer ausgesprochen, in meiner Abwesenheit, daß ich für diese Rolle nicht geeignet wäre, daß ich kein Ausstrahlungsvermögen hätte. Dieser Diskussion hätte ich gerne beigewohnt, da es doch schließlich mich betrifft, und nicht um »30 Ecken« herum davon erfahren. Diese Unehrlichkeit finde ich auch jetzt noch sehr einfallslos, und ich glaube, daß dieses Problem dadurch auch nicht gelöst wird.

3. Zuerst fände ich es gut, wenn wir selber kleinere Episoden schreiben würden. Über Themen, die unsere Umwelt betreffen und momentan »in« sind.

Dann wäre es interessant, Stücke zu spielen, die im Ausland geschehen und wobei es für uns von Nutzen wäre, wenn wir über Sitten, Gebräuche und die Art zu leben, diskutierten.

Der letzte Vorschlag sind Stücke, die von Problemen mit den Eltern handeln.

Gaby Wenkemann
1. Das Stück NACHRUF AUF EINE EULE schildert die Probleme

einer Lehrerin namens Euler sowie einer Gymnasialklasse. Die Lehrerin ist nicht in der Lage, sich durchzusetzen, die Klasse führt sich frech, unverschämt, kindsköpfisch, trotzig und stur auf. Frau Euler unterrichtet auf eine hysterische und herrische Art und Weise. Die Schüler versuchten alles Mögliche, diese Lehrkraft abzuschaffen. Nach einem Gespräch mit der Klassensprecherin Ilse nimmt sich Frau Euler das Leben. Ilse bekommt nun spitze Bemerkungen zu hören. Sie weiß nicht, wo sie dran ist. Hat sie nun schuld am Freitod der Lehrerin oder nicht? War es Verzweiflung oder Rache und Berechnung? Doch es gibt niemanden, mit dem Ilse über dieses Thema einmal reden kann. So bleibt sie allein. Ich denke, daß dieses Stück für eine Aufführung am besten geeignet ist, da es nicht oberflächlich und schal, sondern ernst und zum Nachdenken auffordernd, gebracht wird. Außerdem spricht es jeden Schüler aller Klassen als auch jede Lehrkraft an, obwohl man nicht gerade behaupten kann, daß solche schwerwiegenden Probleme jeden Tag und an jeder Schule vorkommen. Und doch gibt es immer mal wieder Reibereien zwischen Lehrern und Schülern, wenngleich sie auch nicht so tragisch enden. (Habe bis jetzt jedenfalls noch nichts davon gehört.) Auf alle Fälle werden sich Lehrer und Schüler in diesem Stück wiedererkennen. Vielleicht trägt es dadurch zum besseren Verständnis beider Seiten in der Zukunft bei.

2. Ich habe mich aus zwei Gründen für diesen Kurs gemeldet:
    1. aus großem Interesse an der Literatur und Kultur,
    2. aus Überlegungen für meinen späteren Beruf.
    Die Erwartungen, die ich hegte, sind zum größten Teil erfüllt worden. Vielleicht könnte man der Literatur noch etwas mehr Platz einräumen.

3. 1. Drogensucht von Jugendlichen
    2. Häuslicher Terror zwischen Eltern und heranwachsenden Kindern
    3. Leben in einer Großfamilie (Kommune)
    4. Freundschaften zwischen Jugendlichen
    5. Träume eines Filmsternchens, zum großen Star zu werden
    6. Jugendliche im Gefängnis
    7. Scheidung der Eltern – Probleme der Kinder
    8. Zankereien zwischen Hausbewohnern
    9. Familienurlaub
    10. Ehe auf Probe

Der Lehrer berichtet

Um den Stellenwert des Theaterspielens in den Schulen zu erkennen, möchte ich zuerst die Bildungspläne von 1957 und die Rahmenrichtlinien von 1974 vorstellen.

Schon in den Bildungsplänen für die allgemeinbildenden Schulen im Lande Hessen, erschienen im Februar 1957, steht: »Spielerischer und musischer Umgang mit der Muttersprache im Vortragen von Gedichten, im Singen und im Laienspiel fördert Sprachbeherrschung und Sprechtechnik und ist als ein Kernstück der Spracherziehung ständig zu pflegen.« Schon im 1. bis 4. Schuljahr sollen die Sprechweise und die Sprachkraft durch Stegreif- und Kasperlespielen besonders gefördert werden. Im 5. Schuljahr sollen Stegreifspiele durchgeführt werden, und im 6. Schuljahr sollen Entscheidungen von Menschen Gegenstand des nacherlebenden Rollenspieles sein.

Solch detaillierte Angaben geben uns die Rahmenrichtlinien für die Sekundarstufe I im Fach Deutsch nicht, da sie nur für die 7./8. Jahrgangsstufe vorgesehen sind. Hier heißt das oberste Lernziel »Kommunikationsfähigkeit«. Der unterrichtspraktische Teil enthält auch Hinweise auf die Arbeit mit Texten, natürlich mit anderer Zielsetzung. »Dialog und Rollenspiel sind einzusetzen als Mittel zur Verständigung… und als Mittel zur Kritik und Aufklärung…«

Unter anderem soll ein Drehbuch für einen kurzen Kriminalfilm angefertigt werden, vom Spielen ist jedoch keine Rede. Der Begriff Rollenspiel taucht öfters auf. Im Raum steht außerdem die Forderung, sich mit Theateraufführungen im Unterricht zu beschäftigen.

Nach diesem kleinen Exkurs in den Bereich der Verordnungen möchte ich nun versuchen darzustellen, welche Punkte man unbedingt beachten sollte, wenn man einen Literatur- und Theaterkurs, wie den an der Geschwister-Scholl-Schule in Offenbach, ins Leben ruft.

Nachdem ich von unserer Schulleitung mit der Aufgabe betraut war, zusammen mit Herrn Kirsch (= Frederik Hetmann) diesen

Kurs zu leiten, ging ich sofort nach den Sommerferien 1979 daran, den Kurs zusammenzustellen. Da der Kurs über zwei Jahre laufen sollte, sonst reicht die Zeit nicht, um mit den Schülern intensiv und erfolgreich zu arbeiten, kamen in unserer Schule die 9. Realschulklassen und die 8. Hauptschulklassen in Frage. Die Kursstärke sollte bei etwa 20 Schülern liegen. Vor mehr als 25 Schülern würde ich warnen, da sonst immer zu viele Schüler ohne Rolle sind, da man ja mit kleinen Stücken beginnen muß. Dies führt zu Unruhe und Rivalitäten unter den Schülern.

Der Literatur- und Theaterkurs der Geschwister-Scholl-Schule besteht aus exakt zwanzig Schülern, von denen achtzehn Real- und zwei Hauptschüler sind. Nach den Erfahrungen eines Jahres kann ich sagen, daß gerade die beiden Hauptschüler durch ihren unbändigen Ehrgeiz zu einer deutlichen Steigerung der Qualität des Kurses beigetragen haben. Eine Hauptschülerin spielte in beiden aufgeführten Stücken die Hauptrolle. Deshalb würde ich, soweit dies an der jeweiligen Schule möglich ist, raten, den Kurs mit Schülern aller vorhandenen Schulzweige zu besetzen. Gerade in solch einem Kurs sind die Unterschiede überhaupt nicht zu erkennen, was gerade bei den Hauptschülern zu großen Erfolgserlebnissen führt.

Der Kurs sollte nachmittags stattfinden und zwei Schulstunden dauern. Sehr positiv hat sich hier ausgewirkt, daß wir alleine in der Schule waren und uns kein Lärm und auch sonst niemand gestört hat. Unerläßlich ist natürlich, daß die Schule eine Bühne besitzt. Ohne Bühne, und ist sie auch noch so klein, ist Theaterspielen unmöglich.

Mit Herrn Rektor Groß war vorher festgelegt worden, nachdem die Eltern sich einverstanden erklärten, daß ihre Kinder zwei Jahre verbindlich an dem Kurs teilnehmen mußten, daß die Schüler für die Teilnahme auch eine Zeugnisnote im Bereich Wahlunterricht erhalten. Diese Note kann als Ausgleich herangezogen werden. Der Notendurchschnitt lag im ersten Halbjahr bei 2,0 und im zweiten Halbjahr bei 2,6. Zwei Schülerinnen zeigten leider nur ausreichende Leistungen und ihr Interesse sank gegen Ende des Schuljahres sehr stark. Die Eltern baten mich in beiden Fällen, ihre Töchter von der Teilnahme für das zweite Jahr zu entbinden. Ich kam dem Wunsch der Eltern nach, um dem Übertragen von Desinteresse vorzubeugen.

Diese ausscheidenden Schüler wurden durch zwei neue Schülerinnen, die sofort gefunden waren, ersetzt. Die neuen Mitschüler hatten am Anfang mit Integrationsproblemen zu kämpfen, da sie in den Augen ihrer Mitschüler noch keine »Schauspieler« seien, sondern eben erst Anfänger. Mittlerweile hat sich dieses Problem gegeben.

Als dann der Rahmen abgesteckt war, fingen wir mit der eigentlichen Arbeit an. Die erste Anweisung meinerseits war, daß von jeder Stunde ein Protokoll geschrieben wurde. Diese Protokolle wurden zu Beginn der nächsten Stunde verlesen und von mir benotet. Sie bildeten jeweils einen hervorragenden Einstieg in unsere Arbeit, da nach einer Woche doch vieles wieder vergessen ist.

In unserer Arbeit fuhren wir zweigleisig, wie ja auch der Name unseres Kurses »Literatur- und Theaterkurs« besagt.

Über die Arbeit mit der Literatur möchte ich hier nur sagen, daß Herr Kirsch Jugendbücher mitbrachte und sie den Schülern mit wenigen Sätzen vorstellte. Danach erhielt ein interessierter Schüler, der Andrang war immer enorm, den Auftrag, in einigen Wochen eine Buchbesprechung über das Buch zu erstellen. Diese Buchbesprechungen, die auch benotet werden, sind bis heute ein fester Bestandteil unseres Kurses. Nur tauschen heute die Schüler die Bücher untereinander aus und bestimmen so selbst die Themen der Buchbesprechungen.

Nun zu dem Theaterspiel. Am Anfang sollte man die eigenen Erwartungen nicht zu hoch schrauben und lieber mit kurzen Stücken beginnen. Hat das erste Stück gut geklappt, sollte das zweite Stück schon höhere Anforderungen an alle Beteiligten stellen, um die Motivation und den Grad der Anstrengung noch zu steigern. Unser erstes Stück dauerte 10 Minuten, das zweite Stück 45 Minuten.

Schwierigkeiten gibt es bestimmt bei der Textauswahl, denn es gibt bei uns leider kaum fertige, geeignete Theaterstücke. So ist von meiner Seite aus zu empfehlen, daß man eine geeignete Geschichte zu einem Theaterstück umschreibt. Dies klappte bei unserer Gruppe zweimal sehr gut, da wir Frederik Hetmanns BITTE NICHT SPUCKEN ausgewählt hatten. Das erste Rollenbuch schrieb eine Schülerin unseres Kurses, das zweite schrieb, wegen des Umfanges, Herr Kirsch selbst. Zu bemerken ist noch, daß bei dem zweiten Stück drei Schülerinnen je eine eigene Szene geschrieben haben, die wir in das fertige Rollenbuch einfügten.

Sehr wichtig für das Gelingen des Stückes ist noch, daß man bei der Auswahl darauf achtet, daß möglichst kein Bühnenbild gebraucht wird. Auch sollte man wenige und nur einfache Requisiten verwenden. Wenn die Geschichte aus dem alltäglichen Leben kommt, braucht die Gruppe auch nur wenige oder gar keine Kostüme. Sehr von Vorteil wäre es auch, wenn die Gruppe einen Fachmann (selbstverständlich einen Schüler) für die Beleuchtung hätte, was wir leider nicht hatten.

Vor dem Beginn der Proben bestimmten wir noch eine Schülerin, die als Script-Girl tätig war. Sie notierte alle Veränderungen am Rollenbuch und auch wichtige Hinweise, die Herr Kirsch oder ich an die Schauspieler gaben. Dieses Script-Girl ist ungemein wichtig für ein erfolgreiches Spielen.

Nun ging es an das Verteilen der Rollen. Dazu ist es unerläßlich, daß

1. die Schüler das Stück sehr gut kennen
2. die Gruppe über die Charaktere, der im Stück vorkommenden Personen, ausführlich gesprochen hat
3. die Lehrer ihre Schüler sehr gut kennen.

Die beiden ersten Punkte behandelten wir ausführlich in unserem Nachmittagsunterricht. Ich kenne die Schüler ohne Ausnahme, da die Hälfte der Schüler zu meiner Klasse gehört und ich die andere Hälfte mindestens in einem Fach unterrichte.

Durch die Diskussionen mit den Schülern lernte Herr Kirsch auch sehr bald alle Schüler näher kennen. Hinweisen möchte ich darauf, daß man sich viele Schwierigkeiten erspart, wenn man von vornherein alle Hauptrollen doppelt besetzt.

Für die Arbeit möchte ich allen Kollegen den guten Rat geben, so zügig wie möglich zu arbeiten. Man muß immer, gerade bei den verschiedenen Charakteren der Schüler, Druck ausüben, damit alle Schüler möglichst schnell ihre Rolle beherrschen. Herr Kirsch und ich haben immer wieder festgestellt, solange die Rollen nicht sitzen, geht das Stück nur sehr schleppend voran und die gute Moral aller sinkt. Trotz dieses Druckes von meiner Seite dauerte es bei einem in der Schule sehr guten Schüler sehr lange, bis er seine Rolle beherrschte.

Außerdem muß man vor dem Beginn der Proben einen Termin festlegen, an dem das Theaterstück zum ersten Mal aufgeführt werden soll. Bei der Festlegung des Termins sollte jeder Lehrer darauf achten, daß er etwa zwei bis drei Wochen Luft hat, um etwaige unvorhersehbare Ereignisse berücksichtigen zu können. Die Erinnerung an diesen Termin wirkt auch sehr gut bei den Schülern, ihre Arbeit sehr konzentriert anzugehen. Auch ohne dieses »psychologische Druckmittel« sollte man versuchen, zügig zu arbeiten, da sonst das Interesse sehr bald der Langeweile weicht.

Bei den Proben ist es enorm wichtig, gerade auf die Kleinigkeiten zu achten. Man muß am Anfang immer wieder die Szene unterbrechen, Korrekturen anbringen und die Textstellen wiederholen lassen. Auch die Bewegungen der Akteure müssen stimmen, denn gerade Gestik und Mimik nehmen doch breiten Raum beim Theaterspielen ein. Besonderes Augenmerk muß man der korrekten Aussprache widmen. Bei uns schlich sich manchmal der Offenbacher Dialekt ein, der, wenn er nicht unterbunden wird, zur Folge hat, daß die Schüler besonders die Endungen verschlucken. Diese am Anfang ständigen Korrekturen von unserer Seite empfanden die Schüler als sehr störend. Nach diesen Hinweisen und sich vielleicht daraus ergebenden Diskussionen mußten Herr Kirsch und ich unsere Schüler immer auffordern, sich neu zu konzentrieren und ein paar Sekunden die Augen zu schließen. Unterließen wir diese Aufforderung, ging die Fortsetzung des Stückes meistens schief, weil sich irgendwelche Fehler einschlichen. Mit zunehmender Dauer der Proben nahmen die Korrekturen jedoch stark ab. Feinkorrekturen jedoch mußten immer angebracht werden, gerade auch noch in der Generalprobe. Diese sollte am Vortag oder am Tag der Aufführung selbst durchgeführt werden. Bei unseren beiden Generalproben klappte nicht alles wunschgemäß, aber unsere Aufführungen liefen dann ohne erwähnenswerte Fehler.

Zum Abschluß noch zwei Hinweise für die Aufführung. Ein Souffleur oder wie in unserem Falle eine Souffleuse sollte auf alle Fälle schon von Anfang an festgelegt sein. Er darf ruhig gut sichtbar für das Publikum sein. Er gibt allen Akteuren eine gewisse Sicherheit. Der zweite Hinweis gilt allen Lehrern. Treffen sie sich möglichst zeitig, vielleicht schon eine Stunde vor der Aufführung, um den jungen Schauspielern ein Gefühl der Sicherheit und Geborgenheit zu geben. Auch können dann in aller Ruhe die Requisiten bereitgestellt werden. Bei der Aufführung empfiehlt es sich, daß der Lehrer mit hinter der Bühne ist, um die Fäden immer in der Hand zu halten.

Wenn Sie diese Punkte alle beachten, kann ich Ihnen allen für Ihre erste Theateraufführung viel Glück und Erfolg wünschen.

Wilhelm Peter Waldenmayr, Offenbach

Der Schulleiter schreibt

Schulreformerische Bemühungen der letzten zehn Jahre haben sich auch auf die Lerninhalte und die Gestaltung des außerunterrichtlichen Schullebens ausgewirkt. Spielen und Singen sind durch die kritische Besinnung auf andere Inhalte und Formen von Unterricht in den Hintergrund gedrängt worden.

Das hat eine Verarmung der Darstellungsmöglichkeiten von Schüleraktivitäten in der Innen- und Außendimension von Schule zur Folge.

Schulfeste hatten häufig keinen Kern, auf den sich gemeinsame Bemühungen aller am Schulleben Beteiligten konzentrieren konnten. Zwar waren sie Bestandteil des schulischen Alltags geblieben, zeichneten sich aber durch Unbeholfenheit und Konzeptionslosigkeit aus.

In dieser Situation wurde eine Rückbesinnung auf Bewährtes und Überlegungen zu neuen Inhalten erforderlich.

Als zu Schuljahresbeginn 1979/80 sich an der Geschwister-Scholl-Schule in Offenbach (Haupt- und Realschule) ein Theater- und Literaturkurs bildete, gab es vielfältige Zielsetzungen.

Die größten Erwartungen knüpften sich an Hans-Christian Kirsch, den »Schriftsteller im Bücherturm der Stadt Offenbach«, der mit unseren Schülern eine andere Art von Umgang mit Literatur praktizieren wollte.

Außerhalb des stundenplanmäßigen Deutschunterrichts konnten die Teilnehmer dieses Kurses Probleme thematisieren und die selbstgestalteten Stücke zum Instrument eines Teils ihrer Selbstverwirklichung machen.

Die ohnehin wenigen dramatischen Texte in unseren Lehrbüchern können dem jungen Leser die dynamische Funktion von Monologen und Dialogen durch die bloße Lektüre nur schwer erschließen.

Die selbstformulierten Szenen spielerisch umzusetzen, war ein kognitiver Prozeß besonderer Art. Das Suchen nach der geeigneten Darstellungsform bewirkte gruppendynamische Interaktionen, die im Deutschunterricht nicht nachvollzogen werden können.

Nach der ersten Aufführung für Schüler und Lehrer unserer Schule konnte positive Betroffenheit beobachtet werden.

Die Mitwirkenden hatten in einem anderen Rahmen Talente entwickelt und gezeigt, die im Regelunterricht verborgen geblieben waren.

Die Schulaufführung für Eltern, Behördenvertreter und Freunde der Schule gab die Möglichkeit, uns vom Alltäglichen abzuheben.

Die positive Resonanz innerhalb und außerhalb unserer Schule, und nicht zuletzt die Freude der Kinder an ihrer Arbeit, ermutigt zu behaupten, daß das Schülertheater Bestandteil der Schule war und bleiben sollte.

Schulspiel ist eine Form von Lebensentfaltung, die die Kinder zu autonomem und kompetentem Handeln anleitet.

Manfred Groß
Leiter der Geschwister-Scholl-Schule
in Offenbach am Main

Die Eltern schreiben

Meine Meinung zu dem Theater- und Literaturkurs:
Seit einem Jahr wirkt Jutta in Ihrem Literaturkurs mit. Mit viel Spaß und Interesse geht sie an diese ›Arbeit‹. Wie ich Jutta beobachten konnte in dieser Zeit des Lernens und der Proben, möchte ich hier kurz beschreiben:
Es ist nicht nur das Auswendiglernen des Stückes, sondern auch die Gruppenarbeit, das Aufeinandereingehen. Es wurde diskutiert und besprochen. Die Kinder lernen gezielt ihre Bewegungen zu kontrollieren.
Erwähnenswert ist auch der direkte Kontakt zu dem Schriftsteller. Er kann auf die Schülerfragen eingehen und alles besser verständlich machen. Herr Kirsch bringt die Schüler dazu, selber Szenen zu schreiben, wobei die Sprache ausgebildet wird. Natürlich wird in diesem Kurs nicht nur Theaterspielen gelernt, sondern es werden auch schriftliche Ausarbeitungen zu Büchern und Protokolle verlangt. Gerade Bücher dürften eigentlich sehr viele Schüler ansprechen, da sie sich damit genau befassen müssen, um den Inhalt voll wiederzugeben.
Man liest nicht nur, sondern überlegt sich die Zusammenhänge sehr genau.
Zusammenfassend möchte ich sagen:
Der Theater- und Literaturkurs ist nur positiv zu beurteilen. Ich würde es begrüßen, wenn weiterhin solche Kurse existieren.

Mit freundlichen Grüßen
Johanna Wagener

Als meine Tochter Birgit Beutel im Sommer 1978 mir mitteilte, daß an der Geschwister-Scholl-Schule in Offenbach ein Literatur- und Theaterkurs stattfinden sollte und der Deutschlehrer, Herr Waldenmayr, Laiendarsteller suchte, erklärte ich mich sofort bereit, meine Einwilligung zu geben, Birgit daran teilnehmen zu lassen. Uns als Nachkriegsgeneration wurde sowas nicht geboten. Ab und zu wurde ein braves, solides Theaterstück mit unseren Lehrern einstudiert und zum Elternabend vorgeführt. Die damalige autoritäre Erziehung duldete eben keine Kritik an Eltern, Lehrern und sonstigen Erziehungsberechtigten. Deshalb kam das

Stück »Nachruf auf eine Eule« bei uns gut an. Bis auf das tragische Ende der Lehrerin. Unsere Tochter Birgit war mit großer Begeisterung bei der Sache. Oft ließ sie sich von ihrer Mutter abhören. Wir waren angenehm überrascht, wie selbstsicher die Schüler das Stück spielten. Das war der Erfolg der Leiter dieses Kurses, des Schriftstellers Herrn Hans-Christian Kirsch und des Deutschlehrers Herrn Waldenmayr. Dafür bedanken wir Eltern uns bei Ihnen und hoffen auf eine baldige neue Aufführung eines Stückes. Unsere Unterstützung und die Begeisterung der Schüler ist Ihnen gewiß.

Offenbach, den 20.11.1980
Richard Beutel

DAS PRESSEECHO

Offenbach Post, 16.10.80:

»Nachruf auf eine Eule«

Theaterabend in der Geschwister-Scholl-Schule

Offenbach – *Hans-Christian Kirsch,* der Schriftsteller im Bücherturm, begibt sich in die praxisnahe Umgebung einiger seiner bisherigen Bücher, in den Bereich der Schule, ihrer Kinder und Jugendlichen. Gemeinsam mit Wilhelm Peter Waldenmayr, Deutschlehrer der Geschwister-Scholl-Schule in Bieber, hat er gemäß eines Magistratsauftrages einen Literatur- und Theaterkurs ins Leben gerufen, den er heute noch leitet. Der Erfolg des Kurses ist darin zu sehen, auch jüngere Kinder bzw. die Spieler anzuregen, auch eigene Gedanken in die zu erarbeitenden Stücke miteinzubringen. Bis jetzt hatte Kirsch nur mit älteren Jugendlichen an verschiedenen Inszenierungen gearbeitet und da war natürlich ein breiteres Spektrum bezüglich der Assoziation gegeben.

Die teilnehmenden Schüler, etwa im Alter von 13–15 Jahren, haben nun durch intensive Team-Arbeit aus Umsetzung von Kurzgeschichten zwei Theaterstücke einstudiert, die in der Aula der Schule zum ersten Mal den Eltern, Freunden und vielen Gästen vorgestellt wurden.
Der Themenkreis umfaßt die »Kinder-Erwachsenen-Beziehung« und schildert die verschiedenen Kommunikationsmöglichkeiten einzelner Jugendlichen mit den Erwachsenen. […]

»Freie Fahrt« hieß die erste Kurzgeschichte. Sie schildert das etwas fragwürdige Lokomotivenspiel eines Sohnes mit seinem Vater auf einem Bahnhof. Wichtigstes Utensil: ein Koffer-Kuli, der zweckentfremdet den beiden als herrliches Spielzeug dient. Wiederholte Ermahnungen eines uniformierten Bahnbeamten bringen da wenig Erfolg. So in ihr schönes Spiel vertieft, würdigen die zwei diese Respektsperson keines Blickes. Schließlich geht's zum Stationsvorsteher – und dieser gewährt, was in der Realität leider nur selten vorkommt – freie Fahrt für diese ungewöhnliche Spielerei.

»Nachruf auf eine Eule« zeigte sich als ein gut durchdachtes, schwierig zu erarbeitendes Thema, das sich durch die Dramatik der sich zuspitzenden Handlung auszeichnet. Die Thematik, Schwierigkeiten einer introvertierten Lehrerin mit einer Schulklasse, zeigt mit aller Deutlichkeit die Problematik des Schulalltags, die Durchsetzungsbemühungen auf beiden Seiten, und besonders die der Jugendlichen der neuen Lehrerin gegenüber, die sie ablehnen, weil sie sich nicht durchsetzen kann, und die letztlich daran scheitert, daß es keine »Kommunikationsmöglichkeiten« gibt.

Dieser erste Theaterabend an der Geschwister-Scholl-Schule war für alle Beteiligten erfolgreich. Für H.-C. Kirsch und seinen Partner Waldenmayr liegt hier wohl Anlaß, da weiterzumachen, wo so vielversprechend begonnen wurde.

*

Frankfurter Rundschau, 15. 10. 1980

... Es wurde ein großes Ereignis für die Schule, die – wie Rektor Manfred Groß sagte – in dieser Richtung weitermachen will, nicht nur für sich, sondern auch als Anstoß für andere. Die Aufführungen sollen auch an anderen Schulen nachgespielt werden. Wie Kirsch und Waldenmayr berichteten, brachte die Erarbeitung der Stücke einige Probleme mit sich. Besonders das zweite, in welchem Schulsituationen dargestellt wurden, bereitete Schwierigkeiten, zumal sich darin die Mitspieler auch selbst artikulieren sollten. Es ist die Geschichte, wie eine Schulklasse eine neue Lehrerin aufnimmt, beziehungsweise diese an die Klasse herangeht, ein Wechselspiel zwischen den Kräften, wie es im Schulalltag sicher jeder erlebt hat. Hier die Durchsetzungsbemühungen der Neuen, da die Jugendlichen, die sich auf ihre Weise behaupten wollen. Am Ende war der gespielte schulische Machtkampf recht lebendig auf die Bühne gebracht. Nach diesem Beginn will man sich mit einem südamerikanischen sozialkritischen Stück weiter vorwagen.

*

Dreieich Spiegel, 18. 10. 1980

... »Freie Fahrt« und »Nachruf auf eine Eule«, so die Titel der Possen, fanden den begeisterten Zuspruch von rund 700 Zuschauern. In den Umbaupausen sorgten der Chor und eine Instrumentalgruppe der Schule unter der Leitung von Ladislau Eigner für einige flotte Zwischentöne.

Werkstattbericht zu

DIE BALLADE VON SACCO UND VANZETTI

1.

Im Frühjahr 1977 machte mir die Stadtbücherei Duisburg den Vorschlag, mit Schülern eines Gymnasiums aus der Sekundarstufe II ein Stück zum Thema »Vorurteile« zu entwickeln.

Vorangegangen war im Rahmen der von der Stadt Duisburg veranstalteten »IKIBU« (Internationale Kinderbuchausstellung) eine mit Videofilm aufgezeichnete Diskussion über mein Buch »Ich habe sieben Leben – die Geschichte des Ernesto Guevara, genannt Che« an einem Gymnasium in Duisburg, die uns alle – Bibliothekare, Lehrer, Schüler und Autor – von der Notwendigkeit solcher Gespräche und Arbeiten an Schulen überzeugt hatte. Überzeugt in dem Sinn: Die Schüler können dem Autor Fragen stellen, Fragen, von denen er vielleicht nicht weiß, wie sehr sie einem in diesem Alter auf den Nägeln brennen. Der Autor merkt im Umgang mit seinen kritischen Lesern, wo seine Texte »hängen«, wo sie zu schwierig sind, wo er am Interesse und dem Verständnis jener Gruppe, die hauptsächlich seine Leserschaft darstellt, »vorbei-« denkt und -schreibt.

Warum, so hatten wir uns bei diesem Gespräch gesagt, warum nicht einmal zusammen ein Stück versuchen? Die Stadtbücherei, allen voran ihr experimentierfreudiger Cheflektor Hans Sonn und die engagierte Leiterin der Kinder- und Jugendbücherei, Frau Imma Wick (der irgendwann einmal eine Ehrennische in einem imaginären Museum der Kinder- und Jugendliteratur der 60er und 70er Jahre gebührt!), setzten sich eifrig für dieses Projekt ein.

Obwohl die Finanzlage der Stadt damals alles andere als rosig war, gelang es ihnen, für mich, den Autor, der im Westerwald wohnte, Honorar und Fahrtkosten zu beschaffen. Ein Deutschkurs und ein interessierter Deutschlehrer, Günter Schumacher, waren dank Imma Wicks Kontakten auch rasch gefunden. Im Herbst 1977 wollten wir anfangen. Es sollte ein besonderer deutscher Herbst werden. Als ich im Oktober aus Irland zurückkam, waren die Entführung und Ermordung von Hanns Martin Schleyer schokkierende Tatsachen.

Herr Sonn teilte mir mit, daß das Projekt vorerst leider abgesagt werden müsse. Ich bat um eine Begründung. »Sie können sich ja denken, warum«, sagte er zu mir am Telefon. Freilich konnte ich mir etwas denken. Ein Stück über zwei Anarchisten: das lud wohl in der gereizten Atmosphäre zu Mißverständnissen ein. Trotzdem wollte ich es genau wissen. Schließlich hatte ich ja nicht vorgehabt, den Terrorismus zu verherrlichen.

Eine schriftliche Begründung der Absage war nicht zu erhalten. Ich wandte mich schließlich an den PEN-Club und an den Verband Deutscher Schriftsteller mit der Bitte, sich für eine Aufhebung der Absage (so nenne ich es im nachhinein freundlich) zu verwenden.

Auf der Frankfurter Buchmesse, auf einer Pressekonferenz, wurde der Fall von Bernt Engelmann, dem 1. Vorsitzenden des Schriftstellerverbandes (VS), neben anderen, schlimmeren, erwähnt. Kollegen bezeugten Solidarität. Das Fernsehen wollte den für das Schulwesen verantwortlichen Dezernenten der Stadt befragen. Der lehnte eine Stellungnahme ab. Statt dessen kam es nun zu einer blitzartig einberufenen Aussprache aller Beteiligten (Bibliothekare, Direktor der Schule, Dezernent, Autor) in Duisburg. Zunächst war ein Mißverständnis aufzuklären. Der Direktor hatte angenommen, wir wollten das Thema als Straßentheater in Szene setzen. Es war zwar ursprünglich an eine Rahmenhandlung gedacht. Eine Gruppe von Straßenschauspielern versucht die Szenen der »Ballade von Sacco und Vanzetti« in der Fußgängerzone einer Großstadt aufzuführen. In jenen Szenen, die die Binnenhandlung unterbrechen, reagiert »der Mann auf der Straße« auf die von der Truppe gespielten Ereignisse, die 60, 70 Jahre zurückliegen. Dieser Einfall war zwar zu diesem Zeitpunkt längst als zu kompliziert verworfen. Der Direktor des Gymnasiums aber mußte ein Papier zu sehen bekommen haben, in dem dieser Einfall skizziert war. Der Elternbeirat der Schule hatte auch ungenau etwas von einem »Anarchistenstück« gehört. Der Direktor hatte sich, Schwierigkeiten befürchtend, mit seinem Vorgesetzten, dem Dezernenten für das Schulwesen der Stadt, beraten. Der wiederum hatte die Absetzung des Projekts verfügt.

Auch nachdem ich der Runde klargemacht hatte, daß schon längst nicht mehr an »Straßentheater« gedacht sei, nachdem ich mehrfach beteuert hatte, auch ich stünde fest auf dem Boden der verfassungsmäßigen Ordnung, beharrte der Dezernent auf seiner Meinung, ein solches Stück, hier und jetzt, das heiße Benzin ins Feuer zu schütten.

Die Situation in unserer Runde begann grotesk zu werden. Der Dezernent schlug vor, ich solle doch mit den Schülern ein Stück über Martin Luther King spielen, über den hätte ich doch auch ein Buch geschrieben. Ich sagte: »Fragen wir doch einmal Eltern, Schüler, das was man ›die Öffentlichkeit‹ nennt? Hören wir uns an, wie die Leute das sehen. Wenn sie auch finden, das Stück sei eine Provokation, lade zu Mißverständnissen ein, dann gebe ich auf.« Der Dezernent wollte sich auch darauf nicht einlassen, aber wir überstimmten ihn. Die Diskussion war Ende November 1977. Es stellte sich heraus, daß wohl die Mehrzahl der Anwesenden begriff, daß es mir/uns nicht darum ging, Gymnasiasten anarchistisch-terroristisch zu indoktrinieren, sondern in wahrlich »finsteren Zeiten« (gerade dann!) an die Notwendigkeit von Toleranz gegenüber Andersdenkenden und einer politisch unabhängigen Justiz zu erinnern, vor neuen Hexenjagden zu warnen.

An einem bestimmten Punkt der Diskussion verließ der Dezernent schimpfend mit hochrotem Kopf den Saal. Die öffentliche Meinung, einschließlich der Elternvertreter, erwies sich besser als ihr Ruf. Es waren sich eigentlich alle darüber einig, man sollte uns doch versuchen lassen, das, was wir vorgehabt hatten, auszuführen. Peinlich war nur, wie nun bei der Diskussion niemand die Verantwortung für den Stopp des Experiments übernehmen wollte. Von den Beamten schob es der eine auf den anderen. Das entsprach der Art und Weise, in der sie zuvor immer versucht hatten, sich nur nicht zu exponieren, keine Entscheidung ohne Rückversicherung zu treffen. Es war ein negatives Lehrstück in Demokratie.

Immerhin, Anfang Dezember 1977 konnten wir endlich mit der eigentlichen Arbeit beginnen. Das Manuskript zu dem Buch »Freispruch für Sacco und Vanzetti«, an dem ich in diesem Jahr geschrieben hatte, war gerade fertig geworden.

2.

Ich reiste nach Duisburg, gab vor den Schülern zunächst eine Einführung in die Geschichte des Falles »Sacco und Vanzetti«, bemühte mich, ihnen eine Vorstellung von der politischen und sozialen Situation während und nach dem Ersten Weltkrieg in den USA zu vermitteln. Wir schieden mit der Verabredung, daß die Gruppe zunächst selbst versuchen solle, Szenen zu schreiben, während ich für den »verbindenden Text« des Erzählens sorgen wollte.

Die Arbeit der Schüler begann in einem Kurs im zweiten Schulhalbjahr (Februar 1978).

Die Befürchtung, die intensive Beschäftigung mit dem historischen Fall könne bei den Jugendlichen zu einer Identifizierung mit oder gar zu einer Verherrlichung von politischen Gewalttätern führen, erwies sich bald als unbegründet.

Günter Schumacher zitiert dazu in seinem Bericht über das Projekt im »Duisburger Journal«, Heft 5 1979 die folgenden zwei Äußerungen von Schülern:

»Wir machten uns mit den Fakten des Falles vertraut. Erschreckenderweise fanden wir manche Ähnlichkeit mit unserer heutigen Situation in der Bundesrepublik: Auch heute gibt es bei uns Vorurteile und Ablehnung gegenüber Gastarbeitern, die Angst vor ›Linken‹. Die Reaktionen der Bevölkerung seit den Terroristenanschlägen weisen, meiner Meinung nach, die auffallendste Parallele zu der damals in Amerika herrschenden Stimmung auf. Angst ist damals wie heute häufig bestimmend. Heute kommt noch die Furcht vor freien Meinungsäußerungen hinzu, manchmal aus Angst, an unserem Staate Kritik zu üben. Diese Haltung macht mich sehr nachdenklich... Eine Gefahr birgt jedoch auch die Beschäftigung mit Sacco und Vanzetti: Leicht neigt man auch hier dazu, allzu schnell ein einseitiges Urteil zu fällen. Es sollte deutlich gemacht werden, daß nur bewiesen werden konnte, daß der Prozeß unfair war. Die Schuldfrage konnte bis heute nicht geklärt werden.« (Petra P.)

»... Dem Prozeß, geleitet von Richter Thayer, fehlte jegliche Objektivität und Fairness. Ein Exempel wurde statuiert, das ›Roten‹ Furcht einflößen sollte und letzten Endes den Ausländerhaß schürte... Die Sturheit der für den Prozeß Verantwortlichen war beispiellos. Ungeachtet des weltweiten Protestes wurde das Todesurteil durchgedrückt. .... Auch, wenn es sich bis heute nicht herausgestellt hat, ob die beiden schuldig waren, finde ich, daß man ihnen einen fairen Prozeß nicht hätte vorenthalten dürfen. Bei der Breite des vorliegenden Beweismaterials hätte zumindest ein weiteres Verfahren angestrengt werden müssen. Außerdem lehne ich die Todesstrafe ab. ...« (Petra S.)

Das ganze Jahr 1978 liefen die Arbeiten, ohne daß wir so recht vom Fleck kamen. Ich war enttäuscht über die Unbeholfenheit jener Szenen, die die Schüler selbst geschrieben hatten.

Die Schüler fanden, ich hätte zu wenig Zeit für sie. Bedenken muß man dabei, daß ich ziemlich weit entfernt von Duisburg wohnte.

In dem Erfahrungsbericht von Günter Schumacher heißt es:
»Auch ein ›freier‹ Schriftsteller scheint, was die Möglichkeiten angeht, über seine Zeit zu verfügen, allzu frei nicht zu sein.«
Aber auch mit dem Stundenplanschema gab es Probleme: »Die bisher in einem Deutschkurs integrierte Projektarbeit konnten wir nur in Form einer (außerschulischen) Arbeitsgemeinschaft fortführen: Der bisher sechsstündige Deutschunterricht mußte wegen Lehrermangels auf vier Wochenstunden gekürzt werden. Mit dieser Umstellung schrumpfte auch die Zahl der Kursteilnehmer, die bereit waren, weiter am Sacco-und-Vanzetti-Stoff zu arbeiten, von bisher etwa zwanzig auf zwölf zusammen.«
Im Dezember 1978 reiste ich wieder einmal ans Max-Planck-Gymnasium. Die Theatergruppe bestand nun ausnahmslos aus Jugendlichen der Jahrgangsstufe 12, und zwar aus 12 Mädchen und 13 Jungen.
Ich sagte zu, nach der Vorlage meines Buches »Freispruch für Sacco und Vanzetti« den gesamten Text des Stückes zu montieren. Was der Gruppe nicht gefalle, würde sie abändern, vielleicht auch hier und da etwas neu schreiben.
Bis zum Jahresanfang 1979 hatte die Gruppe das Rollenbuch vorliegen.
Was nun geschah, schildert der die Gruppe unermüdlich weiterbetreuende Deutschlehrer Günter Schumacher wie folgt:
Die nun einsetzende Arbeit läßt sich wahrlich nur als ›fieberhaft‹ bezeichnen. Anfang Mai sollte das Stück zur Aufführung gelangen. Gut zwei Monate standen uns noch zur Verfügung, rechnet man die Osterferien ab. Rollen lernen, Requisiten beschaffen, realistische technische Möglichkeiten ausmachen – die Verwirklichung unseres Projektes schien immer unwahrscheinlicher zu werden. Unser Kunsterzieher, Wulf Nolte, scharte engagierte Schüler um sich: Bildmaterial mußte beschafft oder erstellt, die Bühne, wenn auch spärlich, ausgestattet werden. Bewundernswert das Engagement der Schüler, für die »Schule« ja nicht nur Teilnahme am Sacco-und-Vanzetti-Projekt bedeutet. Ein erfolgreiches Ende unserer Arbeit ist inzwischen abzusehen.
Im Mai war dann die Premiere. Ich muß gestehen, ich war ziemlich davon überzeugt, daß wir ein Fiasko erleben würden. Ich fand, es liefe alles viel zu lässig, zum Theaterspielen gehöre nun mal ein gewisses Maß an Disziplin, sonst könne nichts draus werden. Dann sah ich die Hauptprobe und staunte, was die Schüler, Günter Schumacher und sein Kollege Nolte inszenierend aus mei-

ner Vorlage herausgeholt hatten. Die Premiere in der übervollen Aula der Schule war wahrscheinlich die beste Aufführung, die der Gruppe je gelang. Die »Westfälische Allgemeine Zeitung« schrieb am 10.5.1979:

Die Ballade von Sacco und Vanzetti:

Autor verbuchte Erfolg

Schauspieler boten profihafte Leistung

Einen Überraschungserfolg verbuchte der Buch- und Hörspielautor Frederik Hetmann mit dem von der Stadtbücherei in Auftrag gegebenen und im Rahmen der Akzente vorgestellten Theaterstück »Die Ballade von Sacco und Vanzetti«.

Vor ausverkauftem Haus präsentierte sich dem überwiegend jugendlichen Publikum ein bis in die jüngste Vergangenheit totgeschwiegenes Kapitel der amerikanischen Zeitgeschichte. Der Inhalt zeigt die Hinrichtung zweier Einwanderer, die ohne das Vorhandensein konkreten Beweismaterials aufgrund ihrer radikalen Einstellung und ihres Status als Ausländer von einem befangenen Richter wegen Raubmordes verurteilt wurden. Erst 1978 wurden sie offiziell rehabilitiert.

Der Autor, der die Thematik bereits in seinem Buch »Freiheit für Sacco und Vanzetti« abhandelte, schuf in Zusammenarbeit mit dem regieführenden Deutschlehrer Günter Schumacher und den Laiendarstellern der Oberstufe des Max-Planck-Gymnasiums ein Lehrstück über Hilflosigkeit des kleinen Mannes in einer feindlich gesonnenen Umwelt.

Als reizvoll entpuppte sich die Konzeption des Schauspiels: Dokumentarische Spielszenen und mit Protestsongs untermalte Dia-Serien, verbunden und ergänzt durch einen sprachlich überzeugenden Erzähler. Neben dem Erzähler verblüfften auch alle anderen Amateurmimen durch fast fehlerfreie profihaft scheinende Schauspielkunst.

Spontan kam nach der Aufführung ein Gewerkschaftsmitglied zu den Schülern und lud sie ein, ihre Aufführung auf einem Gewerkschaftstag zu wiederholen. Bei der Premierenfeier im Haus von Günter Schumacher schmiedeten wir verrückte Pläne. Wir wollten mit dem Stück auf Tournee gehen! Nach all der vielen Arbeit nun nur ein oder zwei Aufführungen: das wäre doch schade. Wenn dieser Plan verwirklicht werden sollte, würden wir uns beeilen müssen, denn im Frühjahr 1980 gingen die Schüler ins Abitur.

3.

Auch eine Erfahrung: Es gibt immer freundliche Menschen, die einem helfen, etwas völlig Verrücktes zu verwirklichen. Eine Tournee mit fünfundzwanzig Schülern, Kulissen, Projektionsgeräten, Tonbandgeräten etc. Es gab Leute, die nur den Kopf schüttelten. In Taunusstein gibt es, initiiert von dem Ehepaar Renate und Günther Stiller, eine kulturelle Bürgerinitiative – die »Taunussteiner Machart«. Sie buchte die erste Aufführung. Es schlossen sich an: der Direktor der Städtischen Büchereien in Wiesbaden, Herr Karl-Heinz Proeve, und das Jugendamt der Stadt Rüsselsheim. Schließlich machte mich die Stadtverordnetenversammlung von Offenbach ab Oktober 1979 zum »Schriftsteller im Bücherturm«. Bei meiner ersten Amtshandlung, der Einweihung der Mediothek Lauterborn, stellte ich fest, daß es in diesem Haus einen guten Bühnenraum gab. Man sagte mir, er werde bisher nur für Jazzgymnastik benutzt. Also würde man vielleicht auch noch eine Aufführung in Offenbach »dranhängen« können. Dann schien wieder alles gefährdet. Der Direktor des Gymnasiums meinte – verständlicherweise in Anbetracht des bevorstehenden Abiturs –, er könne seine Schüler nur von Freitag bis einschließlich Montag für die Tournee beurlauben. Für die Aufführungen würde ein Honorar gezahlt werden. Aber das Geld bekam man erst hinterher. Für die Fahrt mußte ein Bus gemietet werden. Günter Schumacher streckte das Geld für die Fahrkosten zunächst vor. Günther Stiller entwarf und druckte uns ein hervorragendes Plakat. Aus nie zu klärenden Gründen gelangten keine Plakate nach Rüsselsheim. Nicht geringe Schwierigkeiten bereitete die Unterbringung der »Theatertruppe«. Jugendherbergen kamen nicht in Frage. Da muß man um 22 Uhr im Haus sein. In einem Fall endete zu dieser Stunde erst die Aufführung. Schließlich war es der immer hilfsbereite Leiter der Öffentlichen Bücherei in Offenbach, Ernst Buchholz, der uns ein Standquartier für das lange Wochenende in einem Heim der Evangelischen Kirche vermittelte. Manchmal in den letzten Wochen vor der Tournee fragte ich mich, ob ich Schriftsteller oder ein Theaterproduzent sei. Probleme tauchten auf, an die niemand gedacht hatte. Der Sonntag war spielfrei. Dafür mußten am Samstag gleich zwei Aufführungen abgewickelt werden. Ließ sich die einstudierte Inszenierung auf den verschiedenen Bühnen überhaupt verwirklichen? Waren auch überall Scheinwerfer da? Wie stand es mit den Anschlüssen für Lichtbildprojektoren? Waren die mitgebrachten Kulissen geeignet? Wie stand es jeweils

mit der Akustik? Und was war eigentlich mit der Verpflegung?
Auch nicht so leicht vergessen werde ich das Gesicht des Heimlei-
ters in Offenbach, als einer der jungen Männer erklärte, ohne seine
Freundin könne er nun einmal nachts nicht einschlafen!
Die ersten drei Aufführungen – Freitag in Wiesbaden, Samstag in
Offenbach und Taunusstein – liefen tadellos.

Hier der Bericht aus der »Offenbach Post«:

Die Ballade von Sacco und Vanzetti

Duisburger Theaterexperiment in OF

… Das Stück war auf einen Wechsel zwischen Sprecher und Szenen auf der Bühne angelegt. Dia-Szenen, die die damalige Zeit und die verschiedenen Orte atmosphärisch untermalen (etwa Aufnahme der Einwanderer oder amerikanische Soldaten, die in den Ersten Weltkrieg ziehen und immer wieder die Freiheitsstatue als Symbol), wirken direkt und bewußt. Dazu Protestsongs, die treffend ausgewählt worden waren. Die dokumentarischen Szenen, verbunden mit Beleuchtungswechseln, vermittelten dem Zuschauer die dokumentative Eindringlichkeit.

Sprachlich überzeugend wirkte der Erzähler. Aber auch die Spieler, ausschließlich Laien, gaben ihr Bestes. Sie hatten den Applaus am Ende verdient. Alles in allem: Ein schwieriges Stück, ein heikles Thema, das viele Denkanstöße gab und sicherlich Anlaß zu reger Diskussion bietet.

Offenbach, 3.11.1979

Und dann kamen wir am Montag ins Stadttheater, nach Rüsselsheim. Schon allein ein solches Stadttheater! Welcher Glanz! Welche Ausmaße! Unser Stück ist, wenn man so will, ein »Kammer-
spiel«, und dort waren wir plötzlich ins »Große Haus« geraten.
Ich hätte mich ohrfeigen können, daß ich nicht vorher einmal
hingefahren und mir die Räumlichkeiten angesehen hatte. Aber
der Jugendpfleger erklärte mir, man habe sich für das Stadttheater
entschieden, um möglichst viele Zuschauer aufnehmen zu können.
Es würden ganze Schulen kommen, bis von Groß-Gerau herüber,
mit Bussen. Ich schaute etwas verängstigt drein. Ich lese häufig an
Schulen. Ich habe meine Erfahrungen mit der »großen Zahl«.
Nicht selten erlebe ich es, daß mir da noch ein, zwei, drei Klassen
in die Aula gestopft werden, nur, weil die Lehrer auf eine Freistunde spekulieren. Ich kenne auch schon die Einwände, wenn ich
dann protestiere. Was ich denn dächte. Es gehe nur darum, alle

Schüler der Jahrgangsstufe in den Genuß… wobei wir beim Thema »große Klassen« sind, über das ich mich auch immer erneut aus, wie ich finde, guten Gründen zu empören vermag.

An diesem Morgen wollte ich keinen Streit. Die letzten Tage waren an mir nicht spurlos vorübergegangen. Ich war noch müde, leicht erkältet. In dem leeren Foyer, in dem wir standen, zog es unangenehm. Um es kurz zu machen – irgendwie hatten mich meine bösen Vorahnungen nicht getrogen. Die Aufführung in Rüsselsheim brachte einen Theaterskandal.

Freilich bin ich Partei. Deswegen gebe ich hier zunächst die Presseberichte und die Entgegnung einer Gruppe von Rüsselsheimer Schülern auf die Presseberichte wieder. Zunächst die »Vorankündigung«, die am 24.10.1979, also fast drei Wochen vor der Veranstaltung, im »Rüsselsheimer Echo« erschien:

Am Beispiel Sacco und Vanzetti

Schüler spielen für Schüler – Vorlage von Kirsch

(wsch). Nach dem erfolgreichen Film und dem nicht minder bekannten Song der amerikanischen Folksängerin Joan Baez arrangierte der Jugendbuchautor Hans-Christian Kirsch alias Frederik Hetmann die Dokumentarmaterialien des größten Justizskandals mit politischem Hintergrund aus den zwanziger Jahren in den USA: »Sacco und Vanzetti« – Titel und Protagonisten dieses traurigen, aber um so realistischeren Vorfalls, der sich nach dem 1. Weltkrieg in Boston ereignete.

Obwohl viele Spuren eines Überfalls auf einen Geldtransport mit zwei Toten in das Lager des professionellen Gangstertums weisen, nimmt die Polizei jene zwei italienischen Einwanderer Nicola Sacco und Bartolomeo Vanzetti fest. Gegen sie spricht in den Augen vieler alteingesessener Amerikaner, daß sie in ihrem Gastland den Wehrdienst verweigern, Streiks organisieren und sich als anarchistische Agitatoren betätigt haben. So werden Sacco und Vanzetti zu Sündenböcken, ehe das Gerichtsverfahren überhaupt beginnt. Nach sieben Prozeßjahren werden die beiden Männer trotz weltweiter Proteste auf dem elektrischen Stuhl hingerichtet.

Als Justizirrtum wird das Ganze 50 Jahre später dargestellt, aufgrund einer Erklärung des Gouverneurs des zuständigen US-Bundesstaates wird »jeder Makel und Schimpf« für immer von den Namen und Nachkommen Saccos und Vanzettis genommen.

Gegen Hexenjagd nach politischen Gegnern, gegen Vorurteile und Mißachtung von Recht und Gerechtigkeit richtet sich auch die Theatralisierung des Stoffes einer Gymnasialklasse der Max-Planck-Schule Duisburg. Ihre Inszenierung beruht auf jener Vorlage des deutschen Jugendbuchautors Kirsch unter Mitwirkung von und in Diskussionen mit Schülern und Lehrern. Das Stück ist auf einen Wechsel zwischen Sprecher (am Pult neben der Bühne) und Szenen auf der Bühne angelegt.

Das städtische Kulturamt bietet nun allen Rüsselsheimer Schulklassen der Sekundarstufen I und II eine Aufführung im Theater an. Noch bleibt genügend Zeit, die Geschichte, ihren Hintergrund, eventuell auch zu einem allgemeinen übergeordneten Thema vorzubereiten. Die Vorstellung soll am 12. November 1979 um 10.30 Uhr beginnen. Anmeldungen nimmt die Kulturverwaltung im Stadttheater entgegen.

Zu diesem Bericht ist lediglich anzumerken, daß weder mein Buch über den »Fall Sacco/Vanzetti« noch die »Ballade« mit dem erwähnten Film irgend etwas zu tun hat.

Nach der Aufführung erschienen in eben dieser Zeitung – ein Bericht und ein Kommentar. Beachten sollte man, daß beide Texte denselben Verfasser haben.

Tomaten gegen »Sacco und Vanzetti«

Eklat im Stadttheater – Duisburger Gymnasiasten brechen Vorführung ab

(wsch) Tomaten und Apfelsinenschalen gegen ein Theaterstück: Das ist in der nun zehnjährigen Geschichte des Stadttheaters noch nie dagewesen. Doch am Montag, als Jugendliche für Jugendliche »Die Ballade von Sacco und Vanzetti« spielten, wurde die Frustrationstoleranz der jungen Zuschauer überschritten und ziemlich rüpelhaft gegen die Szenenfolge über den US-Justizskandal in den zwanziger Jahren protestiert. Die Konsequenz der Laienspieler, allesamt Schüler der 13. Klasse des Duisburger Planckgymnasiums, war ebenso überzeichnet wie der Protest: Vor der vorletzten Szene wurde das Theaterstück ohne großen Kommentar abgebrochen. Auch vereinzelte verständnisvolle Zurufe von Lehrern konnten die Aufführung nicht retten.

Aber was war denn eigentlich Anstößiges geschehen? Ausgangspunkt war die Idee des Jugendbuchautors Frederik Hetmann, der selbst in Rüsselsheim durch Lesungen der Stadtbücherei und des Bücherhauses kein Unbekannter mehr ist, seine Recherchen über die Todesurteile gegen zwei italienische Einwanderer in den USA zu theatralisieren. Die Anarchisten Sacco und Vanzetti wurden Opfer einer politisch gesteuerten Justiz; trotz vorhandener Unschuldsbeweise und weltweiter Proteste landeten sie auf dem elektrischen Stuhl.

Die Duisburger Gymnasiasten setzten sich nun mit dem Autor zusammen und entwickelten ein Textbuch mit einer zehnteiligen Szenenfolge, die sie selbst auf die Bühne brachten. Weitgehend orientierten sich die Schüler an Brechtschem epischen Theater. Sie verzichteten bewußt auf schauspielerische Leistungen, zumal es sich um Amateure handelt. Dem Zuschauer soll immer bewußt bleiben, daß das, was sie sehen, Theater ist.

Wenn auch die Absicht der Gymnasiasten mehr in Richtung inhaltlicher

Diskussion des Justizskandals ging, versuchten sie aber immerhin über das Medium Theater dies zu vermitteln. Und da setzte zu Recht die Kritik der etwa 500 Jugendlichen im großen Rund des Stadttheaters ein. Obwohl manchem Schüler Worte wie Anarchist oder Pazifist eher fremd erschienen, so hätten sie doch im Gesamtzusammenhang mögliche Anhaltspunkte für den eigenen Denkprozeß erhalten müssen. Doch dem war nicht so! Die Duisburger Amateurschauspieler verspielten fast alle ihre Chancen durch zu langes Reden, Erklärungen und Zwischenkommentare. Selbst Dargestelltes wurde zunächst noch einmal verbalisiert, damit's auch jeder kapiert! Ohne die sicher motivierende Funktion des Theaterspiels von Jugendlichen für Jugendliche anzugreifen, sollten solche Experimente immer auch an dem gemessen werden, wie das Publikum dazu Stellung nimmt.

Da allerdings macht die Kritik auch eine Kehrtwendung, da die Duisburger Schülergruppe bereits fünfmal das Stück vor ähnlichem Publikum in Südhessen vorgespielt hat, ohne daß es zu solch heftigen negativen Reaktionen wie beim Gastspiel in Rüsselsheim gekommen wäre. Die Akteure redeten von einer feindlichen Grundhaltung der Rüsselsheimer Schüler, denen es wohl zu viel war, annehmbare Spielbedingungen zu schaffen, um im Anschluß an die Aufführung ihre Kritik loszuwerden. Ein Vorwurf an die Lehrer? Mit Sicherheit fehlte beim Gros der Besucher die notwendige Begleitung zum Stück. Und durch mangelhafte Vorbereitung und in Unkenntnis des dargestellten Sachverhalts entstehen zunächst Emotionen gegen das Stück.

Andererseits ist zu fragen, ob überhaupt Elfjährige, wie sie auch im Publikum angetroffen wurden, einen solchen Stoff einordnen und verstehen können, wenn zudem die Spielweise nicht ihren Erfahrungen entspricht? Und steht dem nicht schon der Ansatz einer solchen Aufführung entgegen, leistungsorientiert ausgesiebte Gymnasiasten für Haupt- und Realschüler spielen zu lassen? Denn bis auf eine Klasse der Kantschule waren alle Schüler von Haupt-, Real- und Gesamtschulen.

Wieder einmal begann zuerst nun das mir in solchen Fällen schon bekannte Spiel mit dem »Schwarzen Peter«. Übrigens darf man dem Rüsselsheimer Kulturdezernenten wohl aufs Wort glauben, wenn er kritisierte, die Mehrzahl der Lehrer hätte trotz einer entsprechenden Anregung des Kulturamtes es unterlassen, Inhalt und Zielsetzung des Stückes im Unterricht ausreichend aufzubereiten.

Was wir – also die das Stück spielende Gruppe von Jugendlichen, Lehrern und Autor – versäumt hatten, war, eine Art Werkheft mitzuliefern, Hintergrundmaterial, Stoff, von dem eine solche Vorbereitung hätte ausgehen können.

Aber es war schon schwierig genug gewesen, wenigstens (mit Hilfe der Öffentlichen Bücherei in Duisburg) den Text des Stückes selbst zu vervielfältigen.

Nach geraumer Zeit druckte dann das »Rüsselsheimer Echo« noch einen Leserbrief ab, der zeigt, daß man auch noch zu anderen Schlüssen kommen konnte als denen, die der Journalist Wolfgang Schneider (wsch) aus dem Eklat gezogen hatte.

Keine elitäre Gymnasiasten-Clique

Betr.: Artikel »Tomaten gegen Sacco und Vanzetti« und »Kindertheater« von Wolfgang Schneider im RE vom 14. 11. 1979.

In der sich dem Theaterbesuch anschließenden Diskussion um die Aufführung der Duisburger Schülergruppe zeigten sich erhebliche Abweichungen zu dem oben genannten Artikel. Zunächst möchten wir einmal klarstellen, daß es sich bei der »rebellierenden Gruppe« um eine Minderheit von ungefähr 20 Schülern gehandelt hat. Es waren keineswegs alle Besucher daran beteiligt, wie es in dem Artikel fälschlicherweise dargestellt wurde.

Als an dem Stück und seiner Problematik interessierte Schüler waren wir von der ungewöhnlichen Darstellungsweise beeindruckt und empfanden die Erläuterungen des Sprechers nicht als »langatmig«, sondern eher als informativ und notwendig zum besseren Verständnis des Stückes. Wir sind keineswegs der Meinung, daß die negativen Reaktionen einiger Schüler auf die Darstellungsweise der »elitären Gymnasiasten-Clique« aus Duisburg zurückzuführen ist, sondern eher auf die mangelnde Vorbereitung von seiten einiger Lehrkräfte und das ohnehin vorhandene Desinteresse mancher Schüler, welches möglicherweise daraus resultiert, daß sich bei »Sacco und Vanzetti« um ein politisches Stück handelt.

In einem Gespräch mit der Duisburger Schülergruppe nach Abbruch der Aufführung zeigten sich diese enttäuscht und verständlicherweise erregt über die Resonanz eines Teils des Publikums, so daß sich uns die Frage stellt, ob hier tatsächlich von Arroganz gesprochen werden kann. Diese Arroganz ist wohl eher beim Kommentator zu finden, der durch Verallgemeinerungen und Pauschalierungen dem Leser ein falsches Bild der Aufführung vermittelte.

Die »elitären« Gymnasiasten des Leistungskurses Englisch der Jahrgangsstufe 13, Gustav-Heinemann-Schule, Rüsselsheim.

Ich will mich nicht um eine persönliche Stellungnahme herumdrücken:

In Rüsselsheim erwiesen sich – Störer hin oder her! – die Grenzen des Stücks. Hier war seine epische Machart kein Vorteil, sondern ein Handicap. Es gelang nicht, auch solche Zuschauer zu interessieren, die in gleichgültiger oder voreingenommener Stimmung gekommen waren.

Unmöglich freilich finde ich es auch, elfjährige Schüler ohne Vorbereitung zu einer solchen Veranstaltung zu karren. Und es gab Elfjährige in nicht geringer Zahl in den Polstersesseln des Parketts. Schließlich aber – und hier kann ich mich nur auf Gerüchte berufen – scheint es in Rüsselsheim Leute gegeben zu haben, denen »die janze Richtung« nicht paßte, die, wahrscheinlich ohne den Text unseres Stückes zu kennen, davon ausgegangen waren, hier sollten Jugendliche anarchistisch indoktriniert werden. Nur so ist es für mich zu erklären, daß im November solche Mengen von Tomaten zur Hand waren, um den Bühnenboden in eine glitschige Fläche zu verwandeln, auf der man vor Abbruch eine Pantomime über einen Anfänger in der Kunst des Eislaufs hätte aufführen können.

Auch ich war für den Abbruch. Der Lärm im Zuschauerraum war so groß, daß die Spieler, die ja keine Sprechausbildung hatten, mit ihrem Text einfach nicht mehr durchdrangen.

4.

Mal vom Spaß abgesehen, den es bedeutet, ein solches Experiment, trotz aller Schwierigkeiten dennoch zu verwirklichen. Ich habe dabei auch selbst viel gelernt. Vielleicht mehr noch als Bürger denn als Schriftsteller. Vor allem dies: Wie gewinnbringend improvisierte Kulturarbeit jenseits des offiziellen Kulturbetriebs sein kann.

Ich habe gelernt, daß es einfach nicht stimmt, wenn man häufig so leicht dahin sagt, Jugendliche seien nicht mehr bereit, sich für etwas zu engagieren. Ich habe gelernt, daß es in diesem Land eine wohl wachsende Zahl von Menschen gibt, die einer dilettantischen Aktivität den Vorzug geben vor den konsumgerechten Kulturprodukten des offiziellen Betriebs.

Schließlich; daß es sich schon lohnt, auch als einzelner, sich auf solche Aktivitäten einzulassen. Diese Lebendigkeit, die Erfahrung von Risiko und Offenheit, die Gespräche am Rande, die Diskussionen nach der Aufführung mit den Zuschauern – wenn es all dies nicht mehr gäbe, würde mir etwas fehlen.

Regieanweisungen und technische Angaben

zu: DIE BALLADE VON SACCO UND VANZETTI

Das Stück ist auf einen Wechsel zwischen Sprecher (an einem Pult neben der Bühne) und Szenen auf der Bühne angelegt.

Es verzichtet bewußt darauf, Vorlage für schauspielerische Leistungen zu sein, da es von Laien (Jugendlichen) gespielt werden soll.

In fast allen Passagen kann auch der Text, um die Mühe des Auswendiglernens zu umgehen, vom Blatt abgelesen werden.

Dem Zuschauer soll immer bewußt bleiben, daß dies Laientheater ist.

Der Text versteht sich als bei Proben veränderbare Vorlage.

Gespielt werden sollte in normaler Alltagskleidung, keineswegs in Kostümen.

Die Unterteilung der Bühne – hier Zelle, dort Zimmer der Verteidiger – sollte mit sparsamsten Mitteln angedeutet werden.

Wichtig hingegen ist die straffe Organisation und sorgfältige Planung des Beleuchtungswechsels und Sorgfalt bei den Projektionen.

Vorhanden sein sollte auf Tonband das Lied »Here's to you« von Joan Baez/E. Morrocone aus dem Film »Sacco and Vanzetti« (Plattennummer: LSO 10365 2621150 AS Stereo.)

Alternativ oder zusätzlich:

»Ballades de Sacco & Vanzetti«, Woody Guthrie, Le Chant Du Monde LDX 74467, Stereo.

Es versteht sich, daß bei der Vielzahl der Personen ein Darsteller mehrere Rollen übernehmen kann. Mädchen können durchaus auch männliche Rollen sprechen.

Durch die Kombination zeitgeschichtlicher, informativer Dias und der angegebenen Musikstücke von Tonband oder Kassette kann die Wirkung des Textes erheblich gesteigert werden.

Es empfiehlt sich jeweils – so wie das in Duisburg praktiziert worden ist – mit dem Lehrer, der an der Schule für Kunstunterricht und Werken zuständig ist, Kontakt aufzunehmen. An Schulen, an denen es eine gute Beat-Combo oder Folksänger gibt, können die erwähnten Songs auch direkt dargeboten werden. Auf jeden Fall ist es angebracht, drei oder vier Arbeitsgruppen zu bilden (Dokumentation, Lichtbilder, Requisiten etc., Musik und Sprecher), die sich zunächst getrennt treffen und dann bei der Generalprobe zusammengeführt werden.

Wünschenswert wäre es, wenn bei der Aufführung im Publikumsraum oder im Foyer eine Stellwand stände, an der die an Erarbeitung der Aufführung Beteiligten Zeitungsausschnitte und »Fundstücke« anheften. Man sollte die Zuschauer animieren, sich mit den Spielenden in Diskussionen und Gespräche über diese Fundstücke und ihren Bezug zu der Aufführung einzulassen.

Daß es vorteilhaft sein könnte, so etwas wie ein »Werkheft« zusammenzustellen, das historische, soziale und wirtschaftliche Informationen über die Zeit während und nach dem Ersten Weltkrieg in den USA enthalten müßte, vielleicht auch aussagekräftige Fotos aus dieser Zeit, ergibt sich aus den Erfahrungen in Rüsselsheim. Wir sind, wie gesagt, bei der Erarbeitung der Duisburger Aufführung nicht dazu gekommen. Als Ausgangspunkt für ein solches Werkheft könnte die folgende Zeittafel dienen.

Zeittafel zum Fall Sacco und Vanzetti

1919

2. Juni	Bombenanschlag auf das Haus des Justizministers in Washington D.C. Als Täter werden Anarchisten verdächtigt.
7. November	Erste der sogenannten »Palmer Razzias«. Der Kongreß stellt eine halbe Million Dollar zur Aufspürung und Bekämpfung von Radikalen zur Verfügung. Innerhalb kürzester Zeit werden über 200 000 Karteikarten mit Informationen über alle radikalen Organisationen angelegt und die Lebensläufe von über 60 000 Personen erfaßt.
23. November	Ein Buick, der einem gewissen F. J. Murphy gehört, wird in Needham bei Boston gestohlen.
22. Dezember	In Hassams Garage in Needham werden Nummernschilder gestohlen.
24. Dezember	Überfall auf den Geldtransport bei Bridgewater.

1920

12. Januar	Razzias gegen Radikale in 33 Städten der USA.
6./7. Januar	Nummernschilder von einem Wagen in Needham gestohlen.
25. Februar	Elia und Salsedo, zwei Anarchisten, werden in New York durch Agenten des Justizministeriums verhaftet.
15. April	Überfall und Morde in South Braintree.
17. April	Entdeckung des aufgegebenen Buicks von Murphy.
20. April	Polizeichef Stewart befragt Boda.
25. April	Vanzetti fährt nach New York.
5. Mai	Sacco und Vanzetti verhaftet.
6. Mai	Orciani festgenommen. Staatsanwalt Katzmann verhört Sacco und Vanzetti. Vernehmungen und Vorverhandlungen.
11. Mai	Orciani entlassen.
18. Mai	Anklage gegen Vanzetti im Fall South Braintree.
11. Juni	Gegen Vanzetti wird wegen des Bridgewater-Überfalls Anklage erhoben.
22. Juni bis 1. Juli	Prozeß gegen Vanzetti wegen des Bridgewater-Überfalls.
16. August	Vanzetti im Bridgewater-Prozeß schuldig befunden. Haftstrafe zwischen 12 und 15 Jahren.
19. August	Fred Moore übernimmt die Leitung der Verteidigung von Sacco und Vanzetti.
16. September	Sprengstoffanschläge in der Wall Street von New York.

1921

31. Mai bis	Prozeß gegen Sacco und Vanzetti in Dedham.
14. Juli	Geschworene entscheiden »schuldig!«
Oktober	Massendemonstrationen gegen das Urteil in Europa.
29. Oktober	Verteidigung begründet Antrag auf neues Verfahren.
8. November	Erster Revisionsantrag (Ripley Motion).
24. Dezember	Richter Thayer lehnt neues Verfahren ab.

1922

4. Mai	Zweiter Revisionsantrag (Gould-Pelser-Motion).
22. Juli	Dritter Revisionsantrag (Goodridge-Motion).
11. September	Vierter Antrag (Andrew-Motion).

1923

23. April	Sacco in das Staatskrankenhaus für kriminelle Geistesgestörte in Bridgewater eingeliefert.
30. April	Fünfter Revisionsantrag (Hamilton-Proctor-Motion) wird von den Gebrüdern McAnarney für Vanzetti, von Mr. Williams G. Thompson für beide Angeklagte gestellt.
29. September	Sacco aus dem Krankenhaus in Bridgewater entlassen.
1. Oktober bis	
8. November	Verhandlung über die Zusatzanträge.

1924

1. Oktober	Richter Thayer lehnt alle Revisionsanträge ab.
2. Oktober	Wechsel in der Verteidigung. William G. Thompson wird Hauptrechtsbeistand für Sacco und Vanzetti, Moore und die Gebrüder McAnarney ziehen sich von der Verteidigung zurück.

1925

2. Januar bis	
28. Mai	Vanzetti im Krankenhaus in Bridgewater.
Juni	International Labour Defense greift den Fall Sacco und Vanzetti auf.
18. November	Madeiros' Geständnis.

1926

Februar	Erneute Demonstrationen zugunsten Saccos und Vanzettis in Europa.
12. Mai	Oberster Gerichtshof von Massachusetts weist Antrag der Verteidigung, den Entscheid des Richters Thayer über die Revisionsanträge aufzuheben, ab.

5.–20. Mai	Madeiros' zweiter Prozeß.
26. Mai	Neuer Antrag auf Wiederaufnahme des Verfahrens, begründet mit den Geständnissen von Madeiros.
Juli	Der Präsident des Reichstages, Löbe, verwendet sich für Sacco und Vanzetti.
31. Oktober	Richter Thayer weist den Antrag auf Wiederaufnahme des Verfahrens in einer 25 000 Worte umfassenden Begründung ab.

1927

Anfang Januar	Dos Passos' Schrift »Facing the Chair« erscheint.
27./28. Januar	Thompson ficht Thayers Ablehnung des Wiederaufnahmeantrags vor dem Obersten Gerichtshof von Massachusetts an.
März	Artikel des Rechtswissenschaftlers Felix Frankfurter erscheint in »Atlantic Monthly«.
April	Die Kommunistische Partei Amerikas gründet das »Sacco and Vanzetti Emergency Committee«.
5. April	Oberster Gerichtshof von Massachusetts bestätigt die Entscheidung von Richter Thayer vom 31. Oktober 1926.
9. und 10. April	Schlußworte von Sacco und Vanzetti an Richter Thayer. Richter ordnet Vollstreckung des Urteils in der am 10. Juli beginnenden Woche an. Vollstreckung wird zunächst auf den 10., dann auf den 22. August verschoben.
25. April bis 11. Mai	Auseinandersetzung zwischen Felix Frankfurter und J. H. Wigmore von der Northwestern University Law School über den Fall Sacco und Vanzetti.
4. Mai	Gouverneur Fuller erhält Gnadengesuch von Vanzetti.
1. Juni	Fuller beruft (Lowell-)Ausschuß, der ihn bei seiner Entscheidung im Fall Sacco und Vanzetti beraten soll.
27. Juli	Lowell-Ausschuß erstattet Fuller Bericht.
3. August	Fuller lehnt Gnadengesuch ab.
5. August	Antrag wegen Befangenheit des Richters vor Richter Thayer. Dieser lehnt den Antrag ab. Antrag wegen Befangenheit vor dem Obersten Gerichtshof von Massachusetts gestellt und abgelehnt.
6. August	William G. Thompson legt sein Mandat als Chefverteidiger nieder. An seine Stelle tritt Arthur Hill. Seit April ist aber auch Michael A. Musmanno als Rechtsbeistand tätig.
7. August	Bericht des Lowell-Ausschusses wird veröffentlicht. Der Ausschuß stellt fest: Die Angeklagten haben einen fairen Prozeß gehabt, die Angeklagten sind nach menschlichem Ermessen schuldig. Es besteht kein triftiger Grund zur Wiederaufnahme des Verfahrens. Braintree und Bridgewater waren nicht das Werk professioneller Verbrecher, sondern wurden von »Männern, unerfahren in solchen Verbrechen« ausgeführt.

6. bis 11. August	Letzte juristische Eingaben und Versuche.
15. August	Sprengstoffanschlag auf das Haus des Geschworenen Hary.
19. August	Ablehnung der Irrtums-Petition von einem Richter des Obersten Gerichtshofes der USA (Holmes). Begründung: Petition könne nur stattgegeben werden, wenn die Angeklagten von einem nicht zuständigen Gericht verurteilt worden wären.
	Vorübergehender nervlicher Zusammenbruch Vanzettis, Wahnbrief.
22. August	Letzte juristische Schritte schlagen fehl.
22./23. August	In der Nacht vom 22. auf den 23. August werden Madeiros, Sacco und Vanzetti auf dem elektrischen Stuhl hingerichtet.

1932

| 27. September | Sprengstoffanschlag auf das Haus von Richter Thayer. |

| *1959* | Ein Ausschuß des Parlaments des Bundesstaates Massachusetts hält eine Anhörung ab: Können Sacco und Vanzetti posthum begnadigt werden? |

1961

11. Oktober	J. Weller und F. Jury überprüfen die ballistischen Beweismittel im Fall Sacco und Vanzetti.
	Hypothese von Saccos Schuld und Vanzettis Unschuld auf Grund der Gutachten über Waffen und der beim South-Braintree-Überfall verwendeten Munition.
	Aussagen des später von den Sowjetrussen ermordeten Anarchistenführers Carlo Tresca, die Max Eastman in der »National Review« unter der Überschrift »Ist dies die Wahrheit über Sacco und Vanzetti?« veröffentlicht.
	Zu einer ähnlichen Ansicht war zuvor schon Upton Sinclair in seinem Aufsatz »The Fishpeddler and the Shoemaker«, New York, Institute of Social Studies Bulletin, Vol 2, Nr. 2 Sommer 1953 gelangt. Sinclair berichtet in diesem Aufsatz, daß schon Fred Moore Zweifel an Saccos Unschuld geäußert habe.
	Bei Sinclair ist die Revision seiner Meinung insofern erstaunlich, da er in der romanhaften Darstellung des Falles, die unter dem Titel »Boston« 1929 im Malik Verlag in Berlin auf Deutsch erschien, offenbar noch von der Unschuld beider fest überzeugt scheint.

1977

| 19. Juli | Ehrenerklärung des Gouverneurs von Massachusetts für Sacco und Vanzetti und deren Familien. |

Rollenbuch

Frederik Hetmann:
DIE BALLADE VON SACCO UND VANZETTI

Personen

Für die Aufführung des Stückes werden unbedingt insgesamt 19 sprechende Personen, darunter ein 11jähriger Junge und drei Frauen, benötigt. Diese verteilen sich auf die einzelnen Rollen wie folgt:

ERZÄHLER
1. REPORTER, 1. STIMME
2. REPORTER, 2. STIMME
POLIZEICHEF, später STAATSANWALT KATZMANN
SACCO
VANZETTI
BODA, später MANN IM CLUB
MR. JOHNSON, später PROCTOR
MRS. JOHNSON, 1. FRAU, 1. ZEUGIN
2. FRAU, LINIENTREUE KOMMUNISTIN, 2. ZEUGIN (Frau in 8)
1. POLIZIST, Wächter
2. POLIZIST, Wächter
KLEINER JUNGE
1. VERTEIDIGER
2. VERTEIDIGER (Mann in 8)
RICHTER THAYER
FRANKFURTER, DOS PASSOS
GOUVERNEUR (beide Rollen)

Die leere Bühne, neben der vom Publikum aus rechts an einem
Pult der Erzähler steht.
Musik der von Joan Baez gesungenen Ballade setzt ein. Auf die
Leinwand im Hintergrund der leeren Bühne werden Bilder proji-
ziert, die Zeit und Ort atmosphärisch vorgeben. Also beispiels-
weise: die Freiheitsstatue. Aufnahmesaal für Einwanderer auf
Staten Island. Amerikanische Soldaten, die in den Ersten Welt-
krieg ziehen. Fabriken aus den USA. Landschaften aus den USA.
Heimkehr der Soldaten aus dem Ersten Weltkrieg. Bilder von
Streiks, aus dem Arbeitsprozeß. Bilder von Polizisten, die gegen
Demonstranten vorgehen.
Während die Bildschau läuft, betreten Sacco und Vanzetti die
Bühne. Sie stehen rechts und links an der Rampe, während über
Lautsprecher vom Tonband folgender Text in einer Art Wechsel-
gesang abläuft:

SACCO Ich heiße Nicola Sacco. Geboren bin ich im April 1891 in
   Torremaggiore in Süditalien. Ich stamme aus einer wohlhaben-
   den Familie. Mein ältester Bruder brachte es zum Bürgermeister
   unseres Dorfes. Im April 1908, mit siebzehn Jahren wanderte
   ich aus in die Vereinigten Staaten von Amerika…

VANZETTI Ich heiße Bartolomeo Vanzetti. Ich wurde geboren am
   11. Juni 1888 in Villafaletto nahe Turin. Bis zu meinem 13.
   Lebensjahr besuchte ich die Schule. Dann kam ich zu einem
   Konditor in die Lehre. Ich arbeitete 90 Stunden in der Woche.
   Es war schwere Arbeit. Damals war ich ein überzeugter Katho-
   lik. Ich war bereit, meinen Glauben mit den Fäusten zu verteidigen. Ich begann viel zu lesen. Dante, Goldoni, den hl. Augusti-
   nus. Ich wollte wissen, woher das Böse kommt. Ich hatte
   Heimweh. Ich wurde krank. Ich kam heim nach Villafaletto.
   Meine Mutter starb an Krebs. Ich war bei ihr, pflegte sie, sprach
   mit ihr, als die anderen das Krankenzimmer vor Ekel nicht mehr
   betreten mochten. Im Januar 1908 wanderte ich aus in die
   Vereinigten Staaten…

SACCO … zuerst arbeitete ich in einer Straßenbaukolonne, 1909
   wurde ich Arbeiter in einer Eisenhütte in Hopedale. Von 1910
   bis 1917 schaffte ich in einer Schuhfabrik. Ich lernte meine
   spätere Frau Rosina kennen. Zu dieser Zeit verdiente ich nicht
   schlecht, fünfzig Dollar in der Woche. Nachdem wir geheiratet
   hatten und ein Kind unterwegs war, ließ ich mich als Zuschnei-

der ausbilden. In den drei Monaten, in denen ich an dem Kurs teilnahm, verdiente ich keinen Cent. Aber später kam ich dann sogar auf 80 Dollar in der Woche.

VANZETTI ... ich wurde Tellerwäscher im berühmten Restaurant von Mouquin. Ich arbeitete zwölf Stunden am Tag in einem feuchten Keller. Jeden zweiten Sonntag hatten wir fünf Stunden frei. Endlich hielt ich es nicht mehr aus. Ich ging fort, wurde ein Tramp. Ein Farmer nahm mich auf, fütterte mich zwei Wochen durch. Später fand ich Arbeit in einem Steinbruch.

SACCO Ich hatte einen Sohn und eine Tochter. Ich hatte Ersparnisse in Höhe von 1500 Dollar. Ich galt als ein zuverlässiger Facharbeiter. Aber als die Maschinenbauer in Hopedale streikten, trat ich in Sympathiestreik.

VANZETTI ... diese Arbeit war einfach zu schwer für mich. Ich ging zurück nach New York. Ich arbeitete als Tortenbäcker in vornehmen Restaurants. Aber immer nach fünf, sechs Monaten kündigte man mir. Es dauerte eine Weile, bis ich verstand, was es damit auf sich hatte. Die Arbeitsämter teilten sich mit den Chefköchen die Provision, wenn ein neuer Mann eingestellt wurde. Ich wanderte hinauf nach Neu-England, fand dort Arbeit in einer Schuhfabrik, aber als ich mich an einem Streik beteiligte, kam ich auf die schwarze Liste.

SACCO 1916 war ich wieder bei einem Streik mit dabei. Diesmal wurde ich verhaftet, wegen Landfriedensbruches angeklagt.

VANZETTI Ich las wieder viel: Kropotkin, Malatesta, Marx, Darwin, Hugo, Tolstoi, Zola. Ich sammelte Geld für eine Druckpresse, auf der die Flugschriften der Anarchisten vervielfältigt wurden. Sacco lernte ich auf einer Versammlung kennen.

SACCO Ich war gegen den Krieg – grundsätzlich. Ich habe mich geweigert, Kriegsanleihen zu zeichnen. Weil ich gegen den Krieg war, gab ich meinen guten Job auf. Als das Wehrpflichtgesetz in Kraft trat, ging ich mit 100 anderen Pazifisten im Mai 1917 nach Mexiko.

VANZETTI Im September waren wir schon wieder zurück.

SACCO Ich hatte Glück und fand gleich wieder Arbeit.

VANZETTI Ich übernahm von einem Landsmann einen Stoßkarren, eine Waage und Messer. Ich wurde Fischhändler.

SACCO In meiner Freizeit verteilte ich anarchistische Pamphlete unter den Italienern in unserem Viertel. In diesem Jahr, da alles begann, hatte ich vor, nach Italien zurückzukehren. Mein Vater war gestorben. Außerdem... Amerika ist kein Land, wo ich auf die Dauer leben wollte, keine Olivenbäume, keine Weinberge. Sie verstehen...

VANZETTI Ich war mit meinem Leben zufrieden. Ich verdiente nicht viel. Aber ich brauche nicht viel um zu leben. Ich wollte es nicht anders. Ich war allein. Ich denke gern nach, ich lerne gern. Ich mag Gedichte. Ich war nie allein. Dann begann unser Unglück.

(Dunkel. Spot auf den Erzähler)

ERZÄHLER Gegen 15 Uhr am Nachmittag des 15. April 1920 werden der Lohnbuchhalter Parmenter und sein Leibwächter Berardelli von zwei mit Pistolen bewaffneten Männern auf dem Weg vom Bürogebäude zur Fabrik der Firma Slater und Morton auf der Hauptstraße von South Braintree im Staat Massachusetts überfallen und niedergeschossen. Der Lohnbuchhalter trägt an diesem Tag auszuzahlende Löhne für die Arbeiter der Schuhfabrik in Höhe von insgesamt 15 776 Dollar in zwei Kästen bei sich. Während sich die Mordtat ereignet, nähert sich ein Personenwagen mit mehreren Insassen der Stelle des Überfalls. Die Raubmörder werfen die zwei Kästen mit dem Geld in das Auto, springen dann selbst in den Wagen, der mit hoher Geschwindigkeit über einen Eisenbahnübergang davonfährt.

Zwei Tage später wird das Fahrzeug in einiger Entfernung vom Tatort verlassen aufgefunden.

Von der Stelle, an der der Wagen in einem Gebüsch abgestellt worden ist, führen Reifenspuren eines kleineren Wagens, in den die Banditen offenbar umgestiegen sind, zur Straße.

Zu dieser Zeit versucht die Polizei dieser Gegend ein ähnliches Verbrechen aufzuklären, das sich einige Monate zuvor in der benachbarten Kleinstadt Bridgewater ereignet hat.

Auch dort haben die Banditen zu ihrem Überfall ein Auto benutzt.

In beiden Fällen geben Augenzeugen an, die Täter seien möglicherweise Russen, Polen, Griechen oder Italiener – auf alle Fälle Ausländer! – gewesen. Bei dem Überfall von Bridgewater hat das Auto den Tatort in Richtung des Ortes Cochesett verlassen. Deswegen konzentrieren sich die Nachforschungen des Polizeichefs Stewart in Bridgewater auf Italiener, die in Cochesett einen Wagen besitzen oder einen Wagen fahren...

Stewart hört, daß ein Italiener Boda, der Mitglied einer anarchistischen Gruppe ist, sein Auto bei einem Garagenbesitzer Johnson zur Reparatur gegeben hat.

Er weist diesen Johnson an, sofort die Polizei zu verständigen, wenn jemand dieses Fahrzeug abholen kommt.

Am 16. April 1920 – es ist der Tag nach dem Raubmord in Braintree – überprüft Stewart im Auftrag und nach einem entsprechenden Erlaß des US-Justizministeriums Italiener, die im Verdacht stehen, Radikale zu sein und deswegen aufgefordert worden sind, die USA zu verlassen.

Zu ihnen gehört auch ein gewisser Coacci. Dieser Mann, der seine Ausreise zuvor immer wieder verzögert hat, zeigt plötzlich verdächtige Eile, nach Italien abzufahren.

Beide Ereignisse verbinden sich bei Polizeichef Stewart zu einem Verdacht.

(Spot auf Erzähler aus. Licht auf Bühne an. Polizeichef Stewart, offensichtlich in Eile, zwei Zeitungsreporter auf seinen Fersen)

ERSTER REPORTER Stimmt es, daß die Agentur Pinkerton in diesen beiden Fällen auch ermittelt?

POLIZEICHEF Fragen Sie doch die Kollegen von Pinkerton selbst.

ZWEITER REPORTER Ihre Kollegen in Providence und New Bedford sind ja offenbar der Ansicht, daß man im Lager des professionellen Verbrechertums nach den Tätern zu suchen hat.

STEWART Da bin ich ganz und gar anderer Meinung. Unsere Zeugenaussagen sprechen von Russen, Polen und Griechen... im Fall des Braintree-Überfalls von Italienern. Meiner Ansicht nach gehen beide Überfälle auf das Konto von Anarchisten und Radikalen.

ERSTER REPORTER Ist das nur eine Vermutung oder haben Sie Erkenntnisse?

STEWART Kein Kommentar, Jungens.

ZWEITER REPORTER Haben Sie eine Spur?

STEWART Wie oft soll ich euch noch sagen, daß ich euch noch keine Einzelheiten mitteilen kann. Die Falle ist gestellt, mehr sage ich nicht. Sobald ich mehr weiß, hört ihr von mir.

ERSTER REPORTER Sie sind also guten Mutes, daß Sie bei der Aufklärung beider Fälle gegenüber Pinkerton und ihren Freunden in Providence das Rennen machen werden?

STEWART ... *(grinsend)* ... sehr guten Mutes *(läuft fort, die Reporter hinterdrein)*.

Kurze Folge von Projektionen von Fotografien der Zeit: Arbeitslosigkeit in den USA, eventuell ein Bild von den Haymarket-Unruhen in Chicago. Dann wieder Spot auf Pult des Erzählers.

ERZÄHLER Die Furcht vor Radikalen war in den USA zu Beginn der zwanziger Jahre groß. Die wirtschaftliche Stabilität des Landes droht durch eine Folge von Streiks weiter erschüttert zu werden. Die Preise sind während des Krieges stark gestiegen. Viele der aus der siegreichen Armee entlassenen Soldaten finden keinen Arbeitsplatz. Die Regierung, die Industriellen, aber auch viele Menschen des breiten bürgerlichen Mittelstandes fürchten, die in Rußland stattgefundene Revolution könne auch auf die USA übergreifen.

Projektion bei dunkler Bühne: Bilder der russischen Revolution.
Dazu zwei Stimmen der öffentlichen Meinung flüsternd:

ERSTE STIMME Die russische Revolution wurde von Juden aus New York angezettelt!
Während eines Jahres sowjetischer Herrschaft wurden zweimal soviel Männer und Frauen und Kinder getötet wie Soldaten während des ganzen Weltkrieges. Die Bolschewisten töten jeden, der einen weißen Kragen trägt, der gebildet und selbst kein Kommunist ist!
Der Bolschewist, das ist der Antichrist!

ZWEITE STIMME In der Sowjetunion wurden nicht nur Bergwerke und Fabriken nationalisiert, sondern auch die Frauen. Wollt ihr, daß es hier auch so wird.

(Spot auf Erzähler an. Bühnenlicht aus).

ERZÄHLER Es ist in den USA zu einer Kette von Bombenanschlägen gekommen. Unter anderem ist auch auf das Haus des US-Justizministers Palmer ein solcher Anschlag verübt worden.
Daß es sich bei den Terroristen um Anarchisten handelt, darauf deutet ein Flugblatt hin, das sich in der Nähe des Hauses gefunden hat.

ERSTE STIMME *(von Tonband über Lautsprecher)*
Es wird weiter Blut fließen. Wir werden nicht nachgeben. Wir werden morden. Wir werden töten... wir werden zerstören... wir sind bereit, alles zu tun, um die Klasse des Kapitalismus zu unterdrücken. Die anarchistischen Kämpfer.

ERZÄHLER Am 7. November 1919, dem zweiten Jahrestag der Oktoberrevolution, sind bei Razzien gegen Rote, Radikale und

Anarchisten in 33 Städten nicht weniger als 3000 Personen festgenommen worden. In Boston sind 500 Ausländer in Ketten geschlossen durch die Straßen geführt und dann ins Zuchthaus gesperrt worden.

Im Zusammenhang mit der Jagd auf Rote – und dazu gehören damals auch Gewerkschaftsmitglieder, Anarchisten, Kommunisten und andere Radikale – sind auch in Ost-Boston zwei Drucker italienischer Abstammung festgenommen worden. Der eine heißt Andrea Salsedo. Unter geheimnisvollen Umständen kommt er nach einem Verhör durch FBI-Agenten in New York zu Tode. Man findet seinen Körper auf dem Straßenpflaster zerschmettert, vierzehn Stockwerke unter dem Fenster des Zimmers, in dem man ihn eingesperrt hielt. Nachdem die Mitglieder einer anarchistischen Gruppe in Ost-Boston vom Todessturz Salsedos Nachricht erhalten haben, versammeln sie sich zu einer Beratung.

Zu diesem anarchistischen Zirkel gehören viele Italiener, unter anderem auch ein junger Mann, der eigentlich Buda heißt, aber sich Boda nennt, ein gewisser Orciani, stolzer Besitzer eines Motorrads mit Beiwagen, der bärtige Fischhändler Bartolomeo Vanzetti und der in einer Schuhfabrik als Facharbeiter tätige Nicola Sacco.

Vanzetti ist Junggeselle. Sacco ist verheiratet. Seine Frau erwartet ihr zweites Kind. Er hat sich entschlossen, noch vor der Geburt dieses Kindes nach Italien zurückzukehren, wo eine bescheidene Erbschaft auf ihn wartet. Außerdem hat er sich etwas Geld gespart. Den Paß für seine Ausreise hat er sich schon besorgt, das Visum schon beantragt. Sacco und Vanzetti haben sich während des Krieges kennengelernt. Beide sind ebenso überzeugte Anarchisten wie Pazifisten. Damals haben sie sich der Einberufung in die USA-Armee durch Flucht nach Mexiko entzogen.

(Sprecherlicht aus. Bühnenlicht an. Säcke auf dem Bühnenboden deuten einen Lagerraum an. Vier Männer kommen herein, einer mit Motorradhelm, zwei davon sind Sacco und Vanzetti. Einige setzen sich auf die Säcke, die anderen gehen unruhig und nervös auf und ab.)

SACCO Unglaublich das mit Salsedo. Ich wette, sie haben ihn umgebracht.

BODA Natürlich haben sie ihn umgebracht.

VANZETTI Durch Klagen wird er auch nicht wieder lebendig. Jetzt geht es vor allem darum, die Genossen zu schützen. Jeder, bei dem man jetzt noch anarchistische Schriften findet, riskiert es, festgenommen und deportiert zu werden.

ORCIANI *(in Motorraddreß)* ... oder Schlimmeres... wie Salsedo.

VANZETTI Wir müssen herumfahren und bei den Genossen alles einsammeln. Boda, du hast doch ein Auto?

BODA ... es ist in Reparatur, bei Johnson in der Garage. Ich hatte keine Mäuse mehr, um es auszulösen.

VANZETTI Das Geld werden wir schon irgendwie zusammenkratzen. Notfalls leih ich es dir... das ist wichtig.

BODA Na schön, dann ruf ich Johnson mal an und sag ihm Bescheid, daß wir den Wagen holen kommen.

VANZETTI Kannst du mich verständigen, wenn es soweit ist?

BODA Ja, ich sag dir Bescheid, wenn ich Johnson erreicht habe. Aber die Mäuse sind das Entscheidende.

VANZETTI Kommst du auch mit, Niccola?

SACCO *(nicht gerade enthusiastisch)* ... ich muß ja wohl.

VANZETTI Und wenn wir dann noch auf Orciani mit seinem Motorrad rechnen können, sollten wir es in einer Nacht schaffen.

ORCIANI Bene... sonst noch was. Wir sollten uns hier nicht zu lange aufhalten. Wenn uns der Nachtwächter erwischt, sind wir dran.

(Bühnenlicht aus. Sprecherlicht an)

DRITTE SZENE

ERZÄHLER Eine Woche, nachdem der Garagenbesitzer Simon Johnson von Polizeichef Stewart eine gewisse Anweisung erhalten hat, ruft Mike Boda an und fragt, ob sein Auto fertig sei. Johnson fordert ihn auf, vorbeizukommen, um den Wagen abzuholen. Aber eine ganze Woche vergeht, ehe Johnson wieder etwas von seinem Kunden hört.

Am Abend des 5. Mai 1920 sitzt Simon Johnson mit seiner Frau im Wohnzimmer seines einstöckigen Holzhauses in der Elmstreet, eine Viertelstunde von der Garage entfernt. Es ist gegen neun Uhr. Da klopft es an der Haustür.

BODA He, Mr. Johnson... schlafen Sie etwa schon. Ich wollte meinen Wagen noch abholen. Hier ist Mike Boda!

MR. JOHNSON Der Herr im Himmel steh uns bei. Da sind sie...

dieser Boda, hinter dem die Polizei her ist. Wie sollen wir uns jetzt nur verhalten?

MRS. JOHNSON Hat dir das Stewart nicht gesagt?

MR. JOHNSON Er hat nur gesagt, wir sollen sofort anrufen, wenn jemand den Wagen abholen kommt.

MRS. JOHNSON Aber dann ist doch alles klar. Du mußt sie hinhalten... sag ihm, das Nummernschild sei nicht gültig. Verwickle ihn in ein Gespräch. Ich sag, ich müsse noch zur Nachbarin Milch holen, und von dort rufe ich die Polizei an.

MR. JOHNSON Meinst du wirklich, das nimmt der uns so ab?

MRS. JOHNSON Wenn du nicht durchdrehst, schon... hat eigentlich Stewart was von einer Belohnung gesagt?

MR. JOHNSON ... wenn sich sein Verdacht bestätigt.

BODA *(klopft wieder)* Mr. Johnson, machen Sie mir doch bitte noch auf. Ich brauch den Wagen für eine dringende Fahrt. Ich zahle in bar.

MR. JOHNSON Ja doch... ich komm ja schon.

MRS. JOHNSON *nimmt die Milchkanne und folgt ihm zur Haustür.*

(Bühnenlicht aus. Sprecherlicht an)

ERZÄHLER An der Haustür sieht sich Mr. Johnson nicht nur Boda, sondern noch einem zweiten Italiener gegenüber. Zwei weitere Männer in geringem Abstand von der Tür. Es sind Sacco und Vanzetti. Während Orciani Boda mit dem Motorrad hergebracht hat, sind die beiden anderen mit der Straßenbahn gekommen. Als Simon Johnson Mike Boda erklärt, er könne den Wagen nicht sofort mitnehmen, da das Nummernschild ungültig sei, will dieser zunächst ein ungültiges Nummernschild in Kauf nehmen, schließlich verspricht er, sich ein gültiges Schild zu besorgen und fährt mit Orciani auf dem Motorrad davon. Die beiden anderen Männer – es sind Sacco und Vanzetti – machen sich auf zur Straßenbahnhaltestelle. Unterdessen ist es Mrs. Johnson, die aufzuhalten die Italiener keinen Anlaß gesehen haben, gelungen, von ihrer Nachbarin aus Polizeichef Stewart anzurufen.

Der löst einen Alarm aus.

In einem Wagen der Straßenbahnlinie Bridgewater–Brockton werden Sacco und Vanzetti von zwei Polizisten gegen 22.04 Uhr verhaftet.

Boda und Orciani, die Motorradfahrer, entkommen zunächst.

Noch im Straßenbahnwagen hat einer der beiden Polizisten Sacco

und Vanzetti gefragt, ob sie Schußwaffen bei sich trügen.
Beide haben das bestritten.
Stewarts Falle ist zugeschnappt. Noch an diesem Abend beginnt er
mit einem Verhör der beiden Männer.
Sacco und Vanzetti haben keine Ahnung davon, daß man ihnen
zwei Raubüberfälle zur Last legt. Sie gehen davon aus, man
habe sie im Zug der Razzien gegen Radikale vorübergehend
aufgegriffen. Entsprechend fallen ihre Antworten bei dem ersten
Verhör durch Stewart aus.
(Sprecherspot aus. – Bühnenlicht an)

Vierte Szene

*Mit wenigen Gegenständen (Stühlen, Tischen, Kisten) eine Polizei-
wache andeuten.*

1. POLIZIST So... nun kehrt marsch... mit dem Gesicht zur Wand
(lauter) mit dem Gesicht zur Wand, hab ich gesagt. Hast wohl
Dreck in deinen Ohren, du Spaghettifresser. *(Sacco und Vanzetti
stehen da, wirken eingeschüchtert und verängstigt, ihre Hilflosigkeit steigert sich, da sie die Polizisten nicht richtig verstehen)*
Beine spreizen... Hände hinter den Kopf.

SACCO Verzeihung... aber was heißt »spreizen«?

2. POLIZIST Lernt gefälligst mal Englisch, ihr Kaffern... so *(er tritt ihm mit der Fußspitze gegen die Schenkel, so daß er die Beine auseinandernimmt).*

1. POLIZIST Immer sachte, Mac. So bringst du sie nur auf. Der Alte will ein schönes Geständnis. Das Durchsuchen mache ich schon. Schreib du das Protokoll.

2. POLIZIST *(schreibt an einem Tisch, was der andere ansagt)* Ein Taschenmesser, Streichhölzer, ein Taschentuch, ein paar Flugblätter... ach sieh da... eine 38er Harrington... nun kommen wir der Sache also schon näher. Nichts weiter bei dem Schnäuzer.

1. POLIZIST Und bei dem anderen?

2. POLIZIST Sieh da, Munition... und ne Waffe... ein 32er Colt Automatic... noch mehr Patronen... schreib: von verschiedenem Fabrikat, aber alle 32er.

1. POLIZIST Fabrikat mit »d« oder »t« hinten.

2. POLIZIST Mit t, aber das ist egal. Hauptsache der Alte kann's lesen.

STEWART *(kommt mit Johnson herein)*

STEWART Da sind die beiden. Waren das die Männer, die etwas abseits standen, Mr. Johnson?

JOHNSON Ja, das waren sie.

STEWART Danke, Mr. Johnson. Das wäre vorerst alles *(Stewart geht vor den beiden, die jetzt mit dem Gesicht nach vorn stehen, auf und ab und mustert sie.)* Bringen Sie den Kleinen raus *(zu einem der Polizisten).*
(Setzt sich an den Tisch, überfliegt das Protokoll der bei den beiden auf dem Leib gefundenen Gegenstände. Blickt dann auf.)
So, jetzt zu Ihnen. Also: Sie haben das Recht, die Aussage zu verweigern, falls Sie aber dieses Recht nicht in Anspruch nehmen, kann alles, was Sie von jetzt an sagen, vor Gericht gegen Sie verwandt werden. Name.

VANZETTI Bartolomeo Vanzetti.

STEWART Geboren?

VANZETTI 11. Juli 1888 in Villafaletto, Provinz Piemont.

STEWART Also in Italien.

VANZETTI Ja.

STEWART Wohnsitz?

VANZETTI Plymouth, Cherry Street 35.

STEWART Beruf?

VANZETTI Fischhändler.

STEWART Was hatten Sie heute abend in Bridgewater zu tun?

VANZETTI Nicola und ich wollten dort unseren Freund Poppy besuchen. Aber Poppy war schon schlafen gegangen, da sind wir wieder heimgefahren.

STEWART Und wie heißt dieser Poppy richtig?

VANZETTI Keine Ahnung. Ich kenne ihn nur unter diesem Namen.

STEWART Na schön. Aber gewiß werden Sie ihn mir doch beschreiben können...?

VANZETTI Ja, er ist groß und trägt gewöhnlich ein blaues Hemd. Ich habe mit ihm eine Weile in der Cordage-Fabrik zusammen gearbeitet.

STEWART Sagen Sie mal... kennen Sie zwei Männer, die Boda und Coacci heißen.

VANZETTI Nein, diese Namen habe ich noch nie gehört.

STEWART *(fährt auf)* Was soll das? Johnson hat die beiden längst identifiziert. Während wir hier reden, sind die beiden wahrscheinlich schon festgenommen. Na... was hattet ihr vier heute nacht tatsächlich vor... etwa wieder mal einen kleinen Raubüberfall?

VANZETTI *(schweigt mit gesenktem Kopf, offensichtlich wütend über diese Unterstellung).*

STEWART Sind Sie eigentlich mit der Regierung dieses Landes einverstanden?

VANZETTI Ich bin zwar in einigen Punkten anderer Meinung als die Regierung, aber ein Anarchist bin ich nicht.

STEWART So... und was ist das *(er greift nach dem Flugblatt)?* Sie glauben wohl, weil es auf Italienisch abgefaßt ist, könnten wir es nicht lesen, was? Ich habe es mir übersetzen lassen *(er liest vor):* »Proletarier: Ihr habt all die Kriege geführt. Ihr habt immer für die Besitzenden gearbeitet. Ihr seid über die Länder hin gewandert. Habt Ihr je die Früchte Eurer Mühen, den Preis Eurer Siege zu sehen bekommen?... wie nennen Sie das, wenn es kein Anarchismus ist?

VANZETTI *(senkt wieder den Kopf und schweigt)*

STEWART Und dann hätte ich noch gern von Ihnen erklärt bekommen, weshalb Sie eine Waffe bei sich tragen? Aber sparen Sie sich Ihre Lügen, Vanzetti!

VANZETTI Die Waffe brauche ich zu meinem Schutz. Ich bin Fischhändler. Ich habe manchmal ziemlich ne ganze Menge Geld bei mir. Bei den unsicheren Zeiten, wissen Sie, da braucht man eine Waffe.

STEWART Ja, ja, wie gehabt... Sie sind kein Anarchist... Sie sind kein Verbrecher. Soll ich Ihnen sagen, was Sie sind, Vanzetti... Sie sind ein notorischer Lügner. Ich würde Ihnen raten: legen Sie ein umfassendes Geständnis ab. Damit können Sie Ihre Lage noch am ehesten verbessern.

VANZETTI Ich hab nix zu gestehen.

STEWART Mac... schließ ihn ein. Mit dem bin ich fertig. Jetzt den anderen.

(Nicola Sacco wird vorgeführt)

STEWART Name, Alter, Wohnort, Staatsangehörigkeit, Arbeitsstelle.

SACCO Prego?

STEWART Hier wird Englisch gesprochen, verstanden. Stell dich jetzt nur nicht dumm. Nicht die Masche. Deine Personalien... hast du das jetzt verstanden?

SACCO Ich heiße Niccola Sacco, verheiratet, ein Kind, wohnhaft in Süd Stoughton. Ich arbeite in der Drei-K-Schuhfabrik.

STEWART *(unterläßt es jetzt, ihn zu duzen)* Und wo waren Sie vorher beschäftigt?

SACCO Ich hatt' nen Job in Bridgewater.

STEWART Ah ja... nette Gegend, nicht wahr.

SACCO Ja, Sir.

STEWART West Bridgewater auch.

SACCO Da bin ich selten hingekommen.

STEWART So so, selten... kennen Sie einen Boda und einen Coacci?

SACCO Nein, Sir.

STEWART Gehören Sie... Sie persönlich meine ich... einer kommunistischen oder anarchistischen Gruppe an?

SACCO Nein, Sir. Ich bin für die Freiheit aller...

STEWART *(unterbricht ihn)* Und die Waffe. Warum tragen Sie eine Waffe bei sich?

SACCO Um mich zu schützen. Es gibt viele böse Leute in diesem Land.

STEWART Mac... mir reichts. Bringen Sie ihn fort. Harris!

1. POLIZIST Ja, Sir.

STEWART Haben Sie alles mitgeschrieben?

1. POLIZIST Jawohl, Sir.

STEWART Bringen Sie mir Ihr Gesudel. Ich will's noch mal durchgehen. Dann schreiben Sie es ab, lesen es den beiden vor und lassen es von den beiden unterschreiben.

1. POLIZIST Jawohl, Sir. *Bühnenlicht aus. Spot auf Erzähler)*

ERZÄHLER Vanzetti ist noch nie hinter Gittern gewesen. Sacco nur einmal kurz; nach einer von der Polizei aufgelösten Versammlung. Jetzt, in nebeneinanderliegenden Zellen, unter dem Schein der Deckenlampe, mit einer hölzernen Pritsche und der sitzlosen Toilette in der Ecke, wird ihnen angst. Für die Polizisten, die vorbeikommen oder dienstfrei haben, sind sie so etwas wie seltene Tiere.
(Bühnenlicht. Einrichtung Zelle, Gitter und Polizeiwache davor auf keinen Fall naturalistisch genau. Sondern nur mit Andeutungen)

VANZETTI Verzeihung, Herr Polizist.

2. POLIZIST Was ist denn?

VANZETTI Wir frieren. Könnten wir nicht bitte eine Decke haben.

2. POLIZIST So so, den Herrn Gangstern ist kalt. Wartet nur, euch wird schon noch warm werden. Wenn man euch an die Wand stellt und als Zielscheibe benutzt.

1. POLIZIST Zielscheibe... kapiert... bum, bum, bum *(er nimmt eine Patrone und hält sie Sacco hin, während der andere rasch seinen Revolver zieht und auf Vanzetti anlegt).*

SACCO *(flucht auf Italienisch)*

2. POLIZIST Was hast du da gesagt?

SACCO *(sieht ihm ins Gesicht, antwortet aber nicht).*

2. POLIZIST Wenn sie deinen verdammten italienischen Arsch auf dem elektrischen Stuhl schmoren, sing ich Hallelujah. Mit euch Scheißkerlen wird aufgeräumt, verlaß dich drauf.

1. POLIZIST Was ereiferst du dich denn so... die verstehn dich überhaupt nicht.

2. POLIZIST Aber das wird auch der verdammte Ithaker verstehen.
(Er spuckt ihm ins Gesicht)
(Bühnenlicht aus. Spot auf Erzähler)

FÜNFTE SZENE

ERZÄHLER Orciani wird am nächsten Tag verhaftet. Boda bekommt die Polizei nicht zu fassen. Polizeichef Stewart vertritt weiter die Theorie, daß die Raubüberfälle von Braintree und Bridgewater von ein und derselben Bande ausgeführt worden sind. Diese Theorie läßt sich jedoch nicht aufrechterhalten. Orciani hat für den Tag beider Verbrechen ein Alibi. Die Polizei muß ihn freilassen.

Sacco, der sich in einem ständigen Arbeitsverhältnis befand, hat am 15. April einen Tag Urlaub genommen. Es ist daran zu erinnern, daß dies genau der Tag ist, an dem der Raubmord in Braintree stattgefunden hat. Während man im Fall des Bridgewater-Verbrechens gegen ihn keine Anklage erhebt, wird er beschuldigt, zu den Mördern in Braintree gehört zu haben. Vanzetti, Fischhändler in Plymouth, kann kein so genaues Alibi für die Tage beider Verbrechen erbringen.

Er wird in beiden Fällen unter Anklage gestellt. Am Dienstag, dem 22. Juni 1920, beginnt die Verhandlung gegen Vanzetti wegen Beteiligung an dem Überfall in Bridgewater im Gerichtsgebäude von Plymouth. Den Vorsitz der Verhandlung führt Richter Webster Thayer, ein Mann von 63 Jahren, kleiner Statur. Er ist sehr stolz auf die sich von den Pilgervätern herleitende Tradition Neu-Englands und hat wenig Sympathien für Ausländer. Die Anklage wird vertreten durch Staatsanwalt Katzmann und den stellvertretenden Staatsanwalt Kane.

Verteidigt wird Vanzetti von John P. Vahey, der 1924 mit Katzmann zusammen in Boston eine Anwaltspraxis errichten wird.

Mehr als 24 Personen beschwören im Laufe dieses ersten Prozesses, Vanzetti am 24. Dezember in Plymouth – also weit entfernt vom Tatort – gesehen zu haben. Eine besondere Rolle unter den Zeugen spielt der 13jährige Beltrano Brini, der Vanzetti an diesem Vormittag beim Ausfahren der Aale für das Weihnachtsessen der italienischen Kolonie begleitet hat.

(Lichtwechsel)

(Auf der Bühne: Richter, Verteidiger, Vanzetti, Staatsanwalt, der Junge und andere Leute)

DER JUNGE ... ich weiß noch, ich habe meine Gummischuhe nicht finden können. Aber dann lagen sie unter der Treppe. Ich bin dann eilig zu Vanzettis Haus in der Cherry Street gelaufen. Das muß gegen 8 Uhr gewesen sein, denn ich habe die Dampfpfeife von der Tauwerk-Fabrik gehört. Wir haben dann den Stoßwagen und den Handwagen beladen und anschließend sind wir losgegangen und waren bei den Leuten in der Cherry Street, am Cherry Place und in der Court Street und haben die Bestellungen abgeliefert. Es war etwa acht Uhr, als ich losging, und gegen zwei bin ich dann wieder daheim gewesen. Am Weihnachtsabend ist dann Mr. Vanzetti bei uns vorbeigekommen. Er hat die Weihnachtsstrümpfe hängen sehen und jedem von uns Kindern einen halben Dollar in den Strumpf gesteckt. Ich glaube, das wär's.

RICHTER Danke. Mr. Katzmann, haben Sie Fragen an den Jungen?

KATZMANN Ja, Euer Ehren.

RICHTER Dann bitte, beginnen Sie mit dem Kreuzverhör.

KATZMANN Nun, mein Sohn. Du hast uns das alles sehr fein erzählt. Bist du auch bequem. Wenn du dich vielleicht hinsetzen möchtest.

JUNGE Nein, Sir. Es macht mir nichts aus zu stehen.

KATZMANN Sag mal, Beltrano, wie oft hast du diese Geschichte schon erzählt?

JUNGE Wie meinen Sie das, Sir?

KATZMANN Du hast sie doch sicherlich auswendig gelernt?

JUNGE Nein.

KATZMANN Aber du hast sie deinen Eltern vorerzählen müssen, oder?

JUNGE Ja.

KATZMANN Und Mr. Vahey auch noch einmal.

JUNGE Ja, Sir.

KATZMANN Nun sag mal: war es 13.15 oder 13.30 Uhr, als ihr mit dem Ausfahren der Fische fertig geworden seid?

JUNGE Ich bin um zwei Uhr wieder daheim gewesen.

KATZMANN Das sagtest du schon. Aber wann habt ihr den letzten Kunden besucht?

JUNGE (Sieht sich unsicher geworden nach seinen Eltern um ...)

KATZMANN Soll das heißen, du weißt es nicht mehr?

JUNGE (zögert erst und nickt dann).

KATZMANN Keine weiteren Fragen mehr. Hohes Gericht, Geschworene: Die Eltern dieses intelligenten Jungen haben ein Recht, stolz auf ihren Sohn zu sein. Aber was er hier im Zeugenstand von sich gegeben hat, war eine auswendig gelernte Lektion.

(Lichtwechsel)

ERZÄHLER Ähnlich wie bei dem italienischen Jungen, gelingt es Katzmann sehr geschickt, die Aussagen der Alibizeugen Vanzettis, die alle Italiener sind, vor den Geschworenen zu diskreditieren. Er fragt einzelne Zeugen, ob sie sich auch an das, was an anderen Tagen des Jahres geschehen sei, so genau zu erinnern wüßten. Er gibt zu bedenken, ob Vanzetti die Aale nicht vielleicht schon am 23. und nicht erst am 24. geliefert habe. Vanzettis Wirtin, zum Beispiel, wisse zwar genau, wann sie Vanzetti am 24. Dezember geweckt habe, aber nicht, wann

Vanzetti am Tag nach Weihnachten, am Neujahrstag oder an Washingtons Geburtstag aufgestanden sei. Das müsse einem doch zu denken geben oder? Am Morgen des 1. Juli ziehen sich die Geschworenen zur Beratung zurück. Richter Thayer macht sie ausdrücklich darauf aufmerksam, daß die Tatsache der Nationalität nichts über die Glaubwürdigkeit eines Zeugen besage... vielleicht etwas zu nachdrücklich.

Die Geschworenen beraten bis 16.18 Uhr. Dann verkünden sie ihren Spruch!

(Lichtwechsel, Bühne)

RICHTER Bartolomeo Vanzetti ist nach dem Urteil der Geschworenen im Sinn der Anklage des versuchten Raubes und des versuchten Mordes schuldig.

(Unruhe unter den Zuhörern. Vanzetti springt von seinem Platz auf und ruft):

VANZETTI Coraggio! Mut, Freunde, Mut!

RICHTER Ich bitte um Ruhe!

Ich verurteile den Angeklagten zu einer Gefängnisstrafe von nicht weniger als zwölf Jahren, davon einen Tag Einzelhaft, zu verbüßen im Staatsgefängnis, gelegen zu Boston in unserem County von Suffolk.

SECHSTE SZENE

(Spot auf Erzähler)

ERZÄHLER Der zweite Prozeß – diesmal sind Sacco und Vanzetti angeklagt – beginnt am 31. Mai 1921. Verhandelt wird über den Raubmord von Braintree. Wieder leitet Richter Thayer das Verfahren, wieder vertritt Katzmann als Staatsanwalt die Anklage. Als Verteidiger für Sacco und Vanzetti hat ein inzwischen unter den Italienern gegründetes Verteidigungs-Komitee Fred H. Moore aus Kalifornien engagiert. Moore hat sich durch die geschickte Verteidigung von Radikalen und Gewerkschaftlern einen Namen gemacht. Gerade deswegen aber genießt er in Boston wenig Sympathien.

Es dauert drei Tage, ehe sich Gericht, Staatsanwalt und Verteidigung über die Zusammensetzung der Geschworenen geeinigt haben. Erst am vierten Verhandlungstag sind die elf Geschworenen bestimmt und können vereidigt werden.

Der fünfte Tag vergeht mit einer Tatortbesichtigung. Die Kernfrage der Verhandlung ist, da der Mord an Parmenter und Berardelli ja außer Frage steht: Sind Sacco und Vanzetti identisch mit den beiden Männern, die die beiden erschossen haben, oder sind sie es nicht?

Die Anklage wird dementsprechend Zeugen aufrufen, die die beiden Männer am Morgen des 15. in South Braintree erkannt haben wollen.

Sie wird versuchen nachzuweisen, daß Sacco dabei beobachtet worden ist, wie er Berardelli niederschoß.

Sie wird auf das Verhalten von Sacco und Vanzetti bei ihrer Verhaftung hinweisen. Man hat bei ihnen auf dem Körper versteckte Waffen gefunden.

Beide haben bei ihrer Vernehmung durch die Polizei und den Staatsanwalt gelogen.

Die Verteidigung wird versuchen, die Augenzeugen der Anklage im Kreuzverhör der Widersprüchlichkeit, also der Unglaubwürdigkeit zu überführen.

Sie bringt selbst andere Zeugen vom Tatort bei, die widerlegen, was die Zeugen der Anklage behaupten.

Wenn – und dies meint die Verteidigung hieb- und stichfest belegen zu können – Sacco an jenem 15. April, dem Tag, an dem er in der Fabrik fehlte, in Boston gewesen ist, so kann er gleichzeitig unmöglich am Tatort gewesen sein.

Zur Sicherung des Alibis von Vanzetti hält die Verteidigung 31 Zeugen bereit, die aussagen werden, daß keiner der Männer, die im Mordwagen gesessen haben, Vanzetti gewesen ist.

Wichtig werden die Aussagen zweier Experten über die am Tatort und die bei Sacco und Vanzetti nach ihrer Verhaftung gefundenen Patronen und Patronenhülsen sein.

Zwischen Anklage und Verteidigung ist vereinbart worden, daß die politische Gesinnung der Angeklagten nicht Gegenstand der Verhöre sein soll.

Was wir hier vorführen, sind lediglich Ausschnitte einer weit umfangreicheren Verhandlung.

(Lichtwechsel. Auf der leeren Bühne nur der Verteidiger)

VERTEIDIGER Mary Splaine bitte.

(Die Zeugin kommt herein und nimmt auf dem zweiten Stuhl Platz).

VERTEIDIGER Miss Splaine, Sie haben zusammen mit Frances Devlin im zweiten Stock des Slater & Morrill-Gebäudes gearbeitet. Sie haben am Tag des Überfalls aus dem Fenster geschaut. Sie haben Schüsse fallen hören und haben ein Auto über die Schienen davonfahren sehen! Ist das korrekt so?

ZEUGIN 1 Ja.

VERTEIDIGER Sie haben vor Gericht ausgesagt, Sie hätten Sacco im Auto erkannt.

ZEUGIN 1 Ja, Sir.

VERTEIDIGER Die Entfernung zwischen Ihnen und dem Auto betrug 60–70 Meter. Das Auto fuhr, wie festgestellt worden ist, mit einer Geschwindigkeit von 15 bis 18 Meilen in der Stunde. Der Zeitraum, während dem Sie die Personen im Wagen beobachtet haben, betrug... ich habe das nachgerechnet, 1½ bis 3 Sekunden. Und trotzdem wollen Sie Sacco ganz genau erkannt haben, ja Sie haben ihn ja bei Ihrer Aussage sogar in allen Einzelheiten beschrieben... ein Mann 140 bis 146 Pfund, muskulös... die linke Hand groß und kräftig, graues oder graublaues Hemd, das Haar zurückgekämmt... haben Sie das ausgesagt oder nicht?

ZEUGIN 1 Ja, Sir, so lautete meine Aussage.

VERTEIDIGER Sie haben gesagt: der Mann im Gerichtssaal und der Mann im Wagen seien identisch.

ZEUGIN 1 Ja.

VERTEIDIGER Gestatten Sie mir, das seltsam zu finden.

ZEUGIN 1 *(schweigt)*

VERTEIDIGER Stimmt es, daß Sacco unmittelbar nach seiner Verhaftung unter Verletzung der entsprechenden Polizeivor-

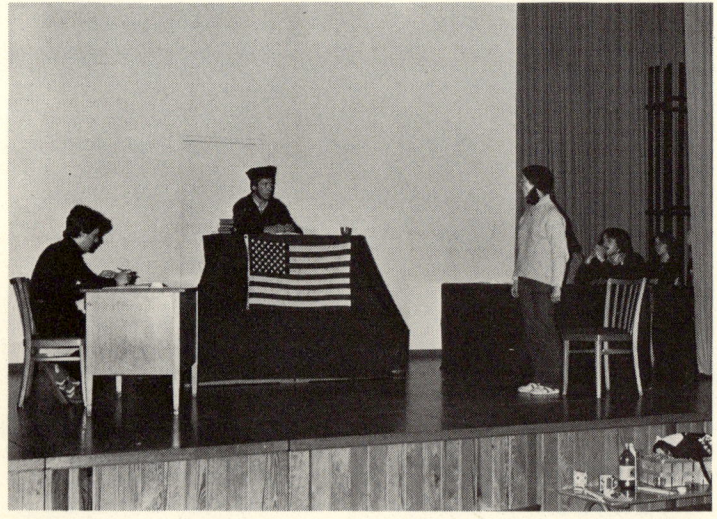

schriften über die Identifizierung von Verdächtigen Ihnen allein gegenübergestellt worden ist?

ZEUGIN 1 Ja.

VERTEIDIGER Das erklärt natürlich vieles... danke.

(Er steht auf. Lichtwechsel)

ERZÄHLER Saccos Alibi hängt bekanntlich entscheidend davon ab, ob es stimmt, daß er am 15. in Boston und nicht in Braintree gewesen ist.

(Lichtwechsel, Bühne)

VERTEIDIGER *(allein)*

Wir haben dafür zehn Zeugen beibringen können. Giuseppe Adrover, Angestellter des italienischen Konsulats, beschwört, daß Sacco an jenem Tag bei ihm auf dem Konsulat gewesen ist.

Der Journalist Felice Guadagni bezeugte, daß er ihn zur Lunchzeit in Bonis Restaurant in Boston getroffen hat.

Der Annoncenakquisiteur Williams bestätigt diese Aussage.

Professor Antonio Dentamaro von der Nationalbank bestätigt, Sacco am 15. April zwischen zwei und drei Uhr nachmittags im Giodani-Restaurant getroffen zu haben.

Saccos Alibi für den Tag und die Zeit des Verbrechens ist hieb- und stichfest. Es hat nur einen Schönheitsfehler. Es beruht ausschließlich auf Aussagen von Italienern.

(Lichtwechsel)

ERZÄHLER Von ermüdenden Stunden im Gerichtssaal erholt sich Richter Webster Thayer an Wochenenden im Country Club.

(Lichtwechsel, Bühnenlicht)

(Auf der Bühne zwei Männer mit Gläsern in der Hand)

MANN Na Webster, immer noch Ärger mit den verdammten Spaghettifressern.

THAYER Kann man wohl sagen.

MANN Ich meine, dein Prozeß läuft gar nicht so, wie er nach Meinung aller ordentlichen Leute laufen sollte.

THAYER Das kriegen wir schon noch hin, Ted.

MANN Harte Burschen... diese Anarchisten.

THAYER ... werd ihnen schon verpassen, was sie verdienen.

MANN Ich hoff's, ich hoff's. Wär unverantwortlich, wenn man die wieder laufen ließe.

THAYER Ach, Ted, du kennst doch das alte Sprichwort: He, hängt ihn doch nicht gleich auf. Kommt, wir wollen erst ein bißchen über ihn richten.

(Es wird dunkel — Projekte einer Versammlung des Ku-Klux-Klan.

Als es wieder hell wird – Verteidiger allein auf der Bühne. Sitzt auf einem Stuhl – leerer Stuhl ihm gegenüber)

VERTEIDIGER Am übelsten haben sie uns mitgespielt bei der Verhandlung über die Frage, ob die Todeskugel und die Winchesterpatrone aus Saccos Pistole abgefeuert worden seien. Verteidigung und Anklage hatten je zwei Sachverständige bestellt, deren Aussagen sich neutralisierten. Den Ausschlag gab die Aussage des Chefs der Staatspolizei von Massachusetts, Captain Proctor.

(Thayer, Katzmann und Proctor auf einer Seite der Bühne)

KATZMANN Die Ergebnisse, zu denen Sie gekommen sind, gefallen mir ganz und gar nicht, Captain Proctor.

PROCTOR Ich habe mich an wissenschaftliche Erkenntnisse zu halten, nicht an das, was die Stimme des Volkes fordert.

KATZMANN Aber hören Sie, wir werden die Burschen freisprechen müssen, wenn Sie es so sagen, wie es in Ihrem Bericht steht. Das kann doch unmöglich in Ihrem Sinn sein.

PROCTOR Ja doch... aber was soll ich denn machen?

THAYER Wenn ich Ihnen etwas vorschlagen darf: Es kommt doch ganz einfach auf die Formulierung an. Auf die Frage des Herrn Staatsanwalts, ob die Todeskugeln und die Winchesterpatronen beide aus Saccos Pistole abgefeuert worden sind, werden Sie antworten: »Das Aussehen der Patrone ist damit vereinbar, daß sie durch Saccos Pistole abgefeuert wurde.« Die Frage nach Beweisen dafür wird der Herr Staatsanwalt einfach nicht stellen, denn auf diese Frage müßten Sie wohl wahrheitsgemäß das antworten, was in Ihrem Gutachten steht, nämlich, daß es keine Beweise gibt.

PROCTOR Ja aber...

KATZMANN Großartig, so werden wir's schaukeln.

VERTEIDIGER Und so zogen sie es durch, perfekt... das muß man ihnen ja lassen.

(Lichtwechsel. Spot: Sprecher)

ERZÄHLER Immerhin muß der Staatsanwalt dennoch gefürchtet haben, den Prozeß nicht zu gewinnen. Denn als er dann Vanzetti ins Kreuzverhör nimmt, lenkt er ganz bewußt, und um an die patriotischen Gefühle der Geschworenen zu appellieren, das Gespräch auf dessen Pazifismus.

(Licht: Bühne. Dort allein Katzmann und in Handschellen Vanzetti)

KATZMANN Sie haben doch Plymouth verlassen, um sich der Einberufung zu entziehen?

VANZETTI Ja, Sir.

KATZMANN Sie haben sich auch in einer öffentlichen Versammlung dagegen ausgesprochen, daß Männer in den Krieg ziehen? Sie sind doch der Mann, der das gesagt hat?

VANZETTI Ja, Sir. Ich bin vielleicht nicht der Mann, den Sie suchen, aber in diesem Fall bin ich der Mann.

(Lichtwechsel – Erzähler)

ERZÄHLER Auch Sacco verleitet Katzmann zu Aussagen über seine politische Einstellung.

(Lichtwechsel – Bühne)

KATZMANN Haben Sie dieses Land im Monat Mai dieses Jahres geliebt?

SACCO Auf diese Frage kann ich nicht mit einem Wort antworten.

KATZMANN Es gibt zwei Worte, die Sie benutzen können... ja oder nein. Wie also lautet Ihre Antwort?

SACCO Ja.

KATZMANN Und um Ihre Liebe zu den Vereinigten Staaten von Amerika zu beweisen, laufen Sie in dem Augenblick, da Sie Soldat werden sollen, nach Mexiko auf und davon. Sie sind doch nach Mexiko davongelaufen, um sich dem Wehrdienst zu entziehen, oder?

SACCO Ja, Sir. Wir wollen nicht schießen. Wir wollen nicht anderer Leute Kinder umbringen. Die Mütter haben gelitten und sich abgemüht, damit aus diesen jungen Leuten etwas werde. Die Mütter sollen dann aber auch was davon haben, daß ihre Kinder aufgewachsen sind. Warum sie zum Nutzen der Rockefeller und Morgans in den Krieg schicken? Was ist Krieg? In unserem Fall ging es um einen Krieg der Millionäre... das war ein Krieg, damit wieder jemand eine Million Dollar verdient.

ERZÄHLER Es ist bezeichnend, daß Richter Thayer während dieses Ausbruchs den Angeklagten niemals unterbricht, Sacco stellt sich damit den Geschworenen genau in dem Licht dar, in dem Thayer und Katzmann ihn dargestellt sehen wollen: als vaterlandslose Gesellen, Anarchisten, Pazifisten, Radikalen. Der Prozeß neigt sich seinem Ende entgegen. Nach amerikanischem Prozeßrecht kommt dem Richter die Aufgabe zu, die Geschworenen vor ihrer Beratung zu instruieren.

Den Nachdruck bei seiner Instruktion legt Richter Thayer nicht etwa auf die Identifizierungsaussagen oder auf das Alibi, obwohl dies die Kernpunkte des Prozesses gewesen sind. Vielmehr erklärt er den Geschworenen, sie hätten sich zu fragen, ob während der Verhandlung bei den Angeklagten ein Schuldbewußtsein hervorgetreten sei oder nicht?

Der Prozeß hatte nahezu sieben Wochen gedauert, als am 14. Juli 1921 der Vormann der Geschworenen das Urteil verkündet. Es lautet: Schuldig.

(Lichtwechsel. Bühnenlicht. Auf der Bühne allein Sacco und Vanzetti in Handschellen. Sie werden von zwei Polizisten hinausgeführt. Sie rufen):

SACCO Sono innocente... I am not guilty... ich bin unschuldig!

VANZETTI Sie töten einen unschuldigen Menschen!

(Das Licht geht langsam beim Abgang der beiden Angeklagten aus. Als es wieder hell wird: Tisch, hinter dem Richter Thayer sitzt. Vor ihm, mit dem Rücken zum Publikum, flankiert von den Polizisten, Sacco und Vanzetti).

THAYER *(Verliest einen Text, nämlich die Urteilsbegründung, die für das Publikum nur als monotones Gemurmel hörbar wird)*
(Während er noch liest, beginnt vom Tonband das Sacco-Vanzetti-Lied der Baez. Es wird schließlich so laut, daß man das Gemurmel des Richters nicht mehr hört, worauf er seine Akten zusammenrafft und hinausrennt. Die Wächter führen die Gefangenen ab).

Ende des ersten Teils

Siebente Szene

(Die Welt der Gefangenen)

Bei dunkler Bühne erscheint auf der Projektionswand ein Bild der Freiheitsstatue, dann ein Bild von der ärztlichen Untersuchung der Einwanderer auf Ellis Island, dann ein schönes Landschaftsbild (Prärie, Felsengebirge), darauf der Text aus der Unabhängigkeitserklärung: »Wir halten solche Wahrheiten für selbsteinsichtig, daß...etc.« Dieser Text bleibt einen Augenblick stehen, blaßt dann langsam bei angehendem Licht aus. Diesmal ist die Bühne zweigeteilt. Links sitzen Sacco und Vanzetti auf einem Hocker an einem Tisch, eventuell dahinter ein Bett oder etwas, das die Zelle

andeutet. Rechts in einem (angedeutet bequemen) Zimmer die
beiden Verteidiger. Während die Gefangenen nie aufstehen, soll-
ten die beiden Männer in dem Zimmer von Zeit zu Zeit auf und ab
gehen, eventuell etwas trinken oder auch rauchen. Licht zunächst
auf Erzähler:

ERZÄHLER Sieben Jahre werden Sacco und Vanzetti Gefangene
sein. Sieben Jahre werden sie insgesamt hinter Gittern in einer
Zelle leben.

Abgesehen von der Frage, die jeden sogleich interessiert, der die
Geschichte dieser beiden Männer auch nur bruchstückhaft oder
oberflächlich kennt, die Frage nach ihrer Schuld oder Unschuld,
gibt es einen anderen Bereich von Fragen, der nicht weniger
interessant erscheint.

Wie lebten sie in der Welt der Gefangenen? Wie wurden sie mit der
Situation des Gefangenseins fertig? Welches waren ihre Gefühle,
Ideen, Wünsche, Frustrationen und Ideale?

Sacco ist Familienvater, seine beiden Kinder wachsen heran. Er ist
ein geschickter Arbeiter, aber alles andere als ein Intellektueller.
In seiner großstädtischen Umgebung in den USA hat er sich eine
ausgeprägte Liebe zur Natur erhalten...

SACCO *(schreibt)* Wenn ich ein Dichter wäre, könnte ich wahrscheinlich die roten Strahlen der wärmenden Sonne, den hell-
blauen Himmel und den Duft meines Gartens und meiner
Blumen in Italien beschreiben, den Geruch von Veilchen, der
von der frischgrünenden baumlosen Ebene heranweht.

ERZÄHLER Eines der schwierigsten Probleme, die sich für Sacco
selbst, wie auch für seine Freunde draußen in Freiheit stellt, ist
die Lage seiner Ehefrau Rosina Sacco und der beiden Kinder,
Dante und Ines
(Im Hintergrund der dunklen Zelle erscheint groß die Projektion
mit dem Bild der Frau und der Kinder).

SACCO *(schreibt)* Manchmal, Rosina, hast du mir geholfen, unseren Sohn zu tragen, dann hast du Dante in beide Arme genommen und hast ihm warme Küsse auf sein rosiges Gesicht gegeben. Solche Tage waren glückliche Tage.

ERZÄHLER Rosina ist eine Frau von bescheidener Bildung, ohne
Vermögen, die über sieben Jahre hin den Todeskampf ihres
Mannes und seines Freundes mit ansehen muß. Sacco bleibt
während der sieben Jahre voller Verständnis für die Lage seiner
Frau und seiner Kinder. Auch Rosina hält mit großer Hingabe
an der Gefühlsbeziehung zu Nicola fest.

Durch die kluge Hilfe von drei Personen aus dem Verteidigungs-Komitee gelingt es, die Beziehungen einigermaßen balanciert zu halten.

Darunter hat man zu verstehen: weder kommt es zu einem Bruch, noch zu allzu leidenschaftlichen Gefühlsausbrüchen über das Unglück und die Trennung. Eine Schwierigkeit, die bei den Prozessen stark ins Gewicht gefallen ist, liegt auch daran, daß sowohl Sacco wie auch Vanzetti nur gebrochen Englisch sprachen. Sacco versucht im Gefängnis Sprachstudien zu treiben, scheitert aber:

SACCO Wenn Sie mir nur bitte aufrichtig glauben wollen, mein lieber Lehrer. Wenn ich mein Versprechen nicht halte, so ist das nicht meine Schuld. Bestimmt nicht, denn ich habe mich mit all meiner Leidenschaft um die Beherrschung dieser wunderbaren Sprache bemüht... ich wollte korrekt Englisch lesen und schreiben können. Aber oh weh. Es geht nicht. Es geht nicht wegen der Traurigkeit dieser zu nahe und kalten Wände, wegen der Vorstellung, von meiner lieben Familie getrennt zu sein, getrennt von aller Schönheit und der Freude des Freiseins. All das hat meine Leidenschaft in dieser Sache erschöpft.

(Licht auf Sprecher)

SPRECHER Fragt man nun nach Saccos Weltanschauung, so läßt sich sagen, daß er sich ein sehr vereinfachtes Bild von der Gesellschaft macht. Sie ist geteilt in zwei Klassen – Unterdrücker und Unterdrückte –, die sich unversöhnlich gegenüberstehen.

(Licht Bühne)

SACCO Solange dieser Zustand der Dinge besteht, die Ausbeutung der einen durch die anderen, die Herrschenden, wird es auch immer den Kampf zwischen zwei gegensätzlichen Klassen geben.

(Licht Sprecher)

SPRECHER Unterdessen geht der Versuch der Verteidiger weiter, eine Wiederaufnahme des Verfahrens zu erzwingen. Über eine solche Wiederaufnahme entscheidet nach den gesetzlichen Bestimmungen, die im Bundesstaate Massachusetts gelten, eben jener Richter, der den vorangegangenen Prozeß geführt hat. Die Einwände gegen die ursprüngliche Bewertung des Beweismaterials werden als sogenannte »Eingaben« oder Motionen vorgebracht.

(Licht Bühne: Zimmer der Verteidiger)

1. VERTEIDIGER Ich bin wirklich langsam ziemlich ratlos... wir

haben eine eidesstattliche Erklärung von Ripley, dem Sprecher der Geschworenen, vorgelegt, aus der hervorgeht, Ripley habe vor dem Prozeß, aber wohl wissend, daß er zu den Geschworenen gehören werde, zu ihm gesagt: ›Verdammt seien sie… hängen müssen sie so oder so…‹ die Motion wurde abgewiesen.

2. VERTEIDIGER Wir müssen es wieder versuchen.

1. VERTEIDIGER Versuchen, versuchen… es ist sinnlos… ich komme mir langsam vor wie jemand, der gegen eine Gummiwand anrennt. Denken Sie doch an die Motion Gould. Da tun wir nun nach langen Suchen diesen Roy Gould auf… einen Zeugen, der der Polizei bekannt war, aber, wie ich behaupte, bewußt zur Verhandlung nicht geladen worden ist… es war der Mann, auf den die Banditen von der rechten Wagenseite geschossen haben und dem ihre Kugel durch den Saum seines Mantels gefahren ist. Er beschwört… nachdem er Sacco und Vanzetti gegenübergestellt worden ist, daß keiner von beiden unter den Banditen gewesen sei.
Die entsprechende Motion wird wiederum von Richter Thayer abgewiesen. Was bleibt jetzt noch?

2. VERTEIDIGER Wir könnten uns diesen Goodridge einmal vornehmen.

1. VERTEIDIGER Wer war denn das gleich wieder?

2. VERTEIDIGER Nun, eigentlich heißt er Erastus Corning Whitney. Er hat ein langes Vorstrafenregister wegen Juwelendiebstahl und anderem mehr. Er hat an diesem Tag in der Nähe des Tatortes Billard gespielt. Als die Schüsse fielen, ist er auf die Straße gestürzt. Im Dedham-Prozeß hat er behauptet, Sacco auf dem Vordersitz des Wagens erkannt zu haben.

1. VERTEIDIGER Ja und?

2. VERTEIDIGER Er hatte zu diesem Zeitpunkt selbst ein Strafverfahren am Hals… und kaum waren Sacco und Vanzetti verurteilt, da trat… reiner Zufall, versteht sich… eine Wende ein. Er wird nun plötzlich auf Bewährung freigelassen. Das sieht doch verdammt nach einem Kuhhandel aus, oder?

1. VERTEIDIGER *(noch nicht ganz überzeugt)* Interessant.

2. VERTEIDIGER Wenn wir nun eidesstattliche Erklärung von Staatsanwälten, Sheriffs und anderen vertrauenswürdigen Personen beibrächten, aus denen hervorgeht, daß dieser Goodridge alias Whitney es mit der Wahrheit nie allzu genau genommen hat? Ich habe inzwischen festgestellt, daß er sich auch als Taschendieb und Heiratsschwindler betätigt hat!

1. VERTEIDIGER Gut... versuchen wir es.
   (Lichtwechsel)
ERZÄHLER Auch diese Motion wird abgewiesen. Es kommt zu
   Protesten gegen das Urteil aus dem Ausland... nicht zu einem,
   zu hunderten. Der vielleicht ergreifendste Appell zugunsten der
   Italiener ist ein offener Brief des französischen Schriftstellers
   Anatole France.
   *(Lichtwechsel. Zimmer der Anwälte. 1. Anwalt liest ab und geht
   dabei auf und ab)*
1. VERTEIDIGER »... in Euren Bundesstaaten hat man zwei Männer, Sacco und Vanzetti, wegen ihrer Gesinnung verurteilt. Es ist
   eine schreckliche Vorstellung, daß menschliche Wesen mit
   ihrem Leben für die Ausübung dieses heiligen Rechts bezahlen
   sollen, das wir, gleichgültig, welcher Partei wir angehören, alle
   verteidigen müssen.
   Laßt nicht zu, daß dieser ungerechte Urteilsspruch vollstreckt
   wird.«
2. VERTEIDIGER Was halten Sie davon... ein eindrucksvoller
   moralischer Appell. Aber wie ich meine lieben Bostoner kenne,
   wird sie das nur noch halsstarriger machen.
1. VERTEIDIGER Wer gibt schon gern zu, daß er sich geirrt hat, daß
   er das Recht beugte...
   (Lichtwechsel)
ERZÄHLER Am 17. Februar 1923 beginnt Sacco mit einem Hun-
   gerstreik, den er über 31 Tage hin durchhält. Gegen Ende dieser
   Zeit wird er in eine Nervenklinik in Boston gebracht und von
   dort in das Bridgewater-Hospital für kriminell Geistesgestörte.
   Im März 1924 zeichnet Sacco folgenden Traum auf.
   (Lichtwechsel. Spot auf Sacco)
SACCO Ich befinde mich in Pennsylvanien, in einer Bergarbeiter-
   stadt, in der gestreikt wird. Die Soldaten kommen mit Geweh-
   ren und Bajonetten und treiben die Streikversammlung der
   Arbeiter auseinander... so fängt der Kampf an... ich springe
   den kleinen Hügel hinunter mitten in die Menge und sage:
   Freunde, Kameraden und Brüder, keiner von uns weicht auch
   nur einen Schritt, und wer weicht, ist gemein und ein Feigling,
   dieser Kampf hier wird zu Ende geführt. Dann wende ich mich
   an die Soldaten und sage: Brüder, ihr werdet doch nicht auf eure
   Brüder schießen, nur weil man euch befohlen hat zu schießen,
   nein Brüder, erinnert euch doch, ein jeder von uns hat Mutter
   und Kind, und ihr wißt doch, wir kämpfen für die Freiheit, und

es ist auch eure Freiheit. Wir wollen ein Vaterland, ein Haus und mehr zu essen. Während ich das letzte Wort zu den Soldaten sage, feuern sie auf mich und eine Kugel fährt mir durchs Herz, und während ich falle, die rechte Hand nahe dem Herzen, erwache ich aus meinem süßen Traum.

(Lichtwechsel. Spot auf Erzähler)

ERZÄHLER Für Vanzetti, der seine Zeit im Gefängnis eifrig zu Sprachstudien und zu seiner Weiterbildung nutzt, ist es vor allem eine Tortur, sich so wenig körperlich betätigen zu können. Gymnastik in seiner Zelle, Ballspiele während der kurzen Spaziergänge auf dem Hof sind für ihn erholsamer als hundert Predigten. Vanzetti hat Sinn für Humor. Über den Abschluß eines Manuskriptes kann er schreiben.

(Spot auf Vanzetti)

VANZETTI Was die Ideen angeht, so sind sie aufrichtig. Aber die Schrift geriet daneben, als es geschah, daß ein Ei, von dem ich annahm, es sei hart gekocht, in meiner Hosentasche zerbrach und dadurch mein ganzes Nervensystem außer Gefecht gesetzt wurde.

(Lichtwechsel. Spot auf Erzähler)

ERZÄHLER Einer der amüsantesten Briefe stammt aus dem Herbst des Jahres 1921. Er ist um sechs Uhr am Morgen geweckt worden und man hat ihm gesagt, er solle sich zu einer Fahrt zum Gericht bereitmachen. Er zieht sich an.

(Lichtwechsel. Spot auf Vanzetti)

VANZETTI Nun, sagte ich mir, als ich wieder in meine Zelle kam. Es könnte schlimmer kommen. Und es kam schlimmer. Auf dem Tisch fand ich mein Frühstück, eine Tasse Kaffee, drei Scheiben Brot, Kartoffelbrei – alles so kalt wie sonst nur Eiscreme kalt sein kann. Später führten mich drei Beamte zum Wagen. An den einen war ich gefesselt.

Sechs oder sieben Beamte standen an der Tür, mit ihrer rechten Hand nahe der Hosentasche, bereit mich vor jedem Angriff zu schützen. Man muß schon der undankbarste Mensch von der Welt sein, um sich da nicht geehrt zu fühlen.

(Lichtwechsel. Spot auf Erzähler)

ERZÄHLER Natürlich gibt es auch Gruppen und Grüppchen, für die das Schicksal der beiden Männer nur Mittel zum Zweck ist. Katherine Ann Porter, später eine bekannte Romanautorin, hat als junge Frau dem kommunistischen Verteidigungskomitee angehört.

(Zimmer, in dem zuvor die Verteidiger miteinander gesprochen haben. Jetzt darin zwei Frauen)

1. FRAU *(kommt mit einer Zeitung herein, aufgeregt)* Hier lesen Sie... die Motion in der Patronensache... auch wieder abgelehnt!

2. FRAU *(liest)* Mein liebes Kind... was haben Sie erwartet... das monopolkapitalistische System zeigt sein wahres Gesicht... uns kann das nur recht sein. Der Fall Sacco und Vanzetti wird immer deutlicher zu einem typischen Fall der Klassenjustiz.

1. FRAU Was kann man denn noch tun?

2. FRAU Mein liebes Kind... Sie müssen das dialektisch sehen. Sie müssen sich endlich von Ihren kleinbürgerlichen Mitleidgefühlen freimachen.

1. FRAU Wie meinen Sie das?

2. FRAU Man wird sie hinrichten. Daran ist gar kein Zweifel. Es liegt nicht in unserem Interesse, daß sie gerettet werden. Als Leichen sind sie der Sache der Weltrevolution von weit größerem Nutzen.

(Licht aus. Dann Spot auf Vanzetti)

VANZETTI *(schreibt)* Wir nennen uns Libertäre oder Anarchisten, was in Kürze bedeutet: Wir glauben, daß menschliche Vollkommenheit durch die größtmögliche Menge an Freiheit und nicht durch Zwang herzustellen ist, daß das Schlechte in der Natur des Menschen und in seinem Verhalten nur beseitigt werden können durch die Beseitigung ihrer tieferen Ursachen und nicht durch Zwang...

(Lichtwechsel. Spot auf Erzähler)

ERZÄHLER Klar gesagt werden sollte, daß zumindest Vanzetti alles andere als ein Kommunist war. Das geht beispielsweise aus seiner Beurteilung der Oktoberrevolution in Rußland ganz deutlich hervor:

(Lichtwechsel. Spot auf Vanzetti in seiner Zelle)

VANZETTI *(schreibt)* .... sie sahen sich sofort gezwungen, eine nationale Armee aufzustellen und eine Polizei schlimmer als die des Zaren aufzubauen. Zustände rissen ein, schlimmer, reaktionärer und tyrannischer als unter den Zaren.

So ist nun experimentell historisch erwiesen, was die verdammten närrischen Anarchisten schon seit einem halben Jahrhundert den Leuten klarzumachen versuchen: Das Proletariat kann nicht die herrschende Klasse werden, es kann die alten Herrscher entthronen und seine Führer an deren Stelle setzen, aber wenn das geschieht, ist die Revolution umsonst gewesen, die Arbeiter werden ausgebeutet wie zuvor, wenn nicht sogar noch schlimmer.

(Lichtwechsel. Spot auf Erzähler)

ERZÄHLER Im Jahr 1925 gibt es noch einmal einen Hoffnungsschimmer. Celestino Madeiros, ein junger Portugiese mit einem langen Vorstrafenregister, befindet sich im selben Gefängnis wie Sacco und Vanzetti. Am 18. November 1925, während Madeiros auf die Berufungsverhandlung über seine Verurteilung wegen Bankraubs wartet, schickt er über Mitgefangene Sacco einen Zettel mit der folgenden Nachricht:

(Lichtwechsel. Die Zelle. Nun nur Madeiros)

MADEIROS Hiermit gestehe ich, bei dem Überfall in South Braintree mit dabeigewesen zu sein. Sacco und Vanzetti sind nicht mit dabeigewesen.

Celestino F. Madeiros.

(Lichtwechsel. Büro der Verteidigung)

1. VERTEIDIGER Ich warne vor übertriebenem Optimismus. Lassen Sie uns einmal die neue Situation analysieren.

2. VERTEIDIGER Am wichtigsten scheint mir, daß wir jetzt nicht lange nachweisen müssen, daß Sacco und Vanzetti nicht mit den Banditen identisch sind. Wir können Beweismaterial vorlegen, aus dem hervorgeht, daß eine Gang berufsmäßiger Verbrecher die Überfälle und Morde begangen hat.

1. VERTEIDIGER Aber man könnte natürlich sagen: ein Geständnis eines Kriminellen, durch das er die Schuld an einem Verbrechen auf sich nimmt, das ihm bisher nicht zur Last gelegt wird, muß Mißtrauen erregen.

2. VERTEIDIGER Gut... aber Madeiros gewinnt nichts für sich durch dieses Geständnis.

1. VERTEIDIGER Unter Umständen doch... unterstellen wir mal, das was er im Kreuzverhör vor dem Staatsanwalt über die Verbrechen erzählt hat...

2. VERTEIDIGER Er hat sie stimmig in alle Einzelheiten hinein geschildert. Er hat die beteiligten Personen beschrieben, und die Personenbeschreibungen stimmen viel genauer als alles bisher Ermittelte mit den Aussagen der Augenzeugen am Tatort überein...

1. VERTEIDIGER Schön ... aber er nennt nicht die Namen der Bandenmitglieder...

2. VERTEIDIGER Verständlich, weil er die Rache der Burschen

fürchtet, von denen einige ja sogar auf freiem Fuß sind.

1. SPRECHER Der kritische Punkt liegt woanders: Käme es nun zu einem Raubmordprozeß gegen diese Gang...

2. VERTEIDIGER *(unterbricht ihn mit Leidenschaft)* ... von der bekannt ist, daß sie ähnliche Verbrechen ausführte und die die Polizei in New Bedford schon vor der Verhaftung Saccos und Vanzettis in Verdacht hatte...

1. VERTEIDIGER Käme es zu einem Prozeß gegen die sogenannte Morelli-Bande, so wäre Madeiros Kronzeuge der Anklage und ginge straffrei aus...

2. VERTEIDIGER ... was aber keinen Einfluß auf das andere Verfahren hätte, das gegen ihn läuft.

1. VERTEIDIGER Nun ja, aber es würde einen Aufschub an... Lebenszeit für ihn bedeuten. Aber noch etwas: Sind Sie allen Ernstes der Meinung, Richter Thayer werde nun zugeben, daß er sich so lange und so gründlich geirrt hat?

2. VERTEIDIGER Wenn wir so überzeugende Beweise beibringen, daß ihm keine andere Wahl bleibt. Denken Sie nur an das, was unsere Rechercheure über den Kontostand Madeiros' herausgefunden haben. Kurz nach dem Überfall von South Braintree erhielt Madeiros fünf Monate Gefängnis wegen eins Diebstahls im Wert von 100 Dollar. Unmittelbar nach seiner Entlassung aus dem Gefängnis befinden sich aber auf seinem Bankkonto 2800 Dollar.

1. VERTEIDIGER Ich darf Sie daran erinnern, daß Thayer auch schon andere Eingaben mit überzeugenden Beweismitteln abgeschmettert hat.

2. VERTEIDIGER Wir werden die Aussagen des Ehepaars aus dem Restaurant an der Straßenkreuzung präsentieren, demgegenüber sich Madeiros gebrüstet hat, daß die Verbrechen auf das Konto der Morelli-Bande gingen und Sacco und Vanzetti völlig unschuldig seien.

1. VERTEIDIGER Man wird uns vorhalten, Madeiros habe sich mit seinem Geständnis die Belohnung verdienen wollen, die das Sacco-Vanzetti-Verteidigungskomitee im November 1925 ausgesetzt hat.

2. VERTEIDIGER Falsch: Als Madeiros mit diesem Ehepaar sprach, ja selbst als er zum erstenmal... damals noch erfolglos... den Versuch unternahm, mit Sacco ins Gespräch zu kommen, war diese Belohnung noch gar nicht ausgesetzt.

Klingt es nicht auch reichlich unwahrscheinlich, daß ein Mann, dem ein Mord zur Last gelegt wird und der um sein Leben kämpft, damit Geld zu verdienen hofft, daß er sich der Beteiligung an einer anderen Mordtat bezichtigt?

Außerdem: Im Fall Wrentham, der jetzt in Revision gegangen ist, wurde Madeiros weitgehend auf Grund seines eigenen Geständnisses verurteilt. Warum sollte er in einem Fall glaubhaft sein und dafür verurteilt werden, aber unglaubhaft, wenn er die Beteiligung an einem weiteren Verbrechen ähnlicher Art gesteht

1. VERTEIDIGER Ja, ja... mich überzeugt das und wohl viele anderen auch. Aber Richter Thayer... was bleibt uns übrig, als den Stein wieder zu wälzen.

2. VERTEIDIGER Er muß einen neuen Prozeß bewilligen.

ACHTE SZENE
(Rettungsversuche)

(Wieder die Zelle der Gefangenen / andere Hälfte ein heller Raum. Spot auf Erzähler.)

ERZÄHLER Am 31. Oktober 1926 erkennt Richter Thayer in einer Erklärung von 25 000 Worten als Recht, daß der Schuldspruch bestehenbleibt und das neue Beweismaterial nicht ausreiche, um ein neues Schwurgerichtsverfahren zu verfügen.
(Lichtwechsel. Zelle)

VANZETTI Die Verteidiger sagen, es bleibe immer noch die Hoffnung darauf, daß der Gouverneur uns begnadigt.

SACCO Und ich sage dir, mein lieber Freund, wenn Gouverneur Fuller die Möglichkeit dazu hat, wird er uns hinrichten lassen.
(Lichtwechsel. Heller Raum anderer Bühnenteil)

REPORTER Prof. Frankfurter, Sie sind einer der angesehensten Rechtsgelehrten dieses Landes. Wollen Sie sich zum Spruch von Richter Thayer äußern.

FRANKFURTER Ich behaupte mit tiefem Bedauern, aber ohne die geringste Furcht, widerlegt zu werden, daß bei Richter Thayers Entscheidung eine in der modernen Rechtsgeschichte einzigartig dastehende Diskrepanz zwischen dem, was die Protokolle sagen und der Meinung, die sich jemand daraus bildet, festzustellen ist. Seine 25 000 Worte kann man nicht anders als ein Mischmasch von Fehlzitaten, Fehldarstellungen, Auslassungen und Verstümmelungen bezeichnen.
(ab)

Mehrere Leute erscheinen auf dem hellen Teil der Bühne und rufen:

 Sacco und Vanzetti sind unschuldig!
 Befreit Sacco und Vanzetti.
 Sacco and Vanzetti are innocent!
 Free Sacco and Vanzetti
 Sacco et Vanzetti son innocent
 libérons-les!

(Die Ballade beginnt wieder leise) (Spot auf Erzähler)

ERZÄHLER Im Mai 1926 hat das Dallas Central Labour Council eine Resolution verabschiedet, in der die Freilassung der beiden Anarchisten gefordert wurde.

Im Januar 1927 beschließen die Federation of Labour und die Vereinigung der Bergarbeiter Aufrufe, in denen ein vorurteils-freies Verfahren für Sacco und Vanzetti verlangt werden.

Im Mai 1926 haben sich 15 000 New Yorker Kürschner zu einer Protestversammlung im Madison Square Garden eingefunden.

2. REPORTER Mr. Dos Passos, Sie sind Schriftsteller, ein engagier-ter Schriftsteller. Sie haben soeben eine Schrift erscheinen lassen, die den Titel trägt »Angesichts des elektrischen Stuhles«. Wie sehen Sie mit kurzen Worten den Fall Sacco und Vanzetti?

DOS PASSOS Es ist ein Frame up... ein Knoten im Bewußtsein, der
  Menschen veranlaßt etwas zu tun, ohne daß sie wissen, daß sie
  es tun. Es ist ein unter der Schwelle der Rationalität liegender
  Akt... der den Zielen einer Klasse dient.
  (ab)

1. REPORTER Mr. Fuller, Sie sind der neue Gouverneur dieses
  Bundesstaates. Darf ich Sie aus naheliegendem Anlaß fragen,
  welche Einstellung haben Sie zu dem Ihnen von der Verfassung
  eingeräumten Recht, Straftäter zu begnadigen?

GOUVERNEUR Nun, lassen Sie mich zunächst eines klarstellen. Ich
  bin strikt für die Vollstreckung der Todesstrafe an jenen, die
  anderen das Leben genommen haben. Freunde, Verwandte,
  selbst Zeitungen werden für eine Kampagne eingespannt, um
  den Mann zu gewinnen, dem nun einmal der Staat vor allen
  anderen die Ausführung der Gesetze übertragen hat. Manchmal
  dauern solche Angriffe und Nötigungen, bei denen das Gerech-
  tigkeitsempfinden in Zweifel gezogen wird, zwei bis drei
  Wochen an. Da sollte man hart bleiben, unnachgiebig...
  (Licht aus. Spot auf Sprecher)

ERZÄHLER Die Entscheidung Thayers ist inzwischen vom Obersten Gericht des Staates Massachusetts überprüft und bestätigt
  worden.
  Am Samstag, dem 9. April 1927, wird von Richter Thayer den
  beiden Italienern ihr Todesurteil verlesen und dabei der Hinrich-
  tungstermin festgesetzt.
  *(Sacco und Vanzetti werden mit Handschellen gefesselt aus dem
  Gefängnisteil in den hellen Teil der Bühne geführt und vor
  Richter Thayer aufgestellt).*

THAYER Nicola Sacco, haben Sie noch irgend etwas vorzubringen, weshalb dieser Urteilsspruch nicht über Sie verhängt und
  ausgeführt werden soll?

SACCO Ja, Sir. Ich bin kein Redner. Ich bin nicht vertraut mit der
  englischen Sprache. Wie mein Freund Vanzetti mir gesagt hat,
  wird er ausführlich sprechen, also, ich möchte das ihm überlassen.
  Ich habe nie in der Geschichte von einem Gericht gehört oder
  gelesen, das so grausam gewesen ist. Nach sieben Jahren der
  Verfolgung hält man uns immer noch für schuldig.
  Ich weiß, dieses Urteil ergeht zwischen zwei Klassen, der Klasse
  der Unterdrückten und der Klasse der Reichen. Sie werden
  immer zusammenstoßen. Wir versuchen, die Menschen mit

Büchern, mit Literatur zu überzeugen. Ihr verfolgt die Menschen, tyrannisiert und tötet sie...

THAYER Bartolomeo Vanzetti, haben Sie noch etwas gegen das Todesurteil vorzubringen?

VANZETTI Ja. Was ich zu sagen habe, ist dies. Ich bin unschuldig, nicht nur in den Fällen Braintree und Bridgewater. Ich bin unschuldig nicht nur, was diese Verbrechen angeht. In meinem ganzen Leben habe ich nie gestohlen, nie getötet, nie Blut vergossen. Das ist es, was ich sagen will.

Wir haben bewiesen, daß es kaum wohl einen Richter unter der Sonne gibt, der vorurteilsvoller, grausamer und feindlicher gegen uns gesinnt war. Wir haben dies bewiesen. Dennoch verweigert man uns ein neues Verfahren. Wir wissen und Sie wissen, daß Sie von Anfang an gegen uns gewesen sind. Ehe Sie uns je gesehen haben, wußten Sie schon, daß wir Radikale waren, Untermenschen, daß wir Feinde jener Institutionen waren, in deren Güte Sie vertrauten. Sie wissen auch, daß Sie sich gegen uns ausgesprochen haben, daß Sie von Ihrem Haß gegen uns gesprochen haben, von Ihrer Verachtung, gegenüber Freunden auf einer Bahnfahrt, im University Club von Boston, im Golf Club von Worcester.

Ich bin sicher, wenn diese Leute, vor deren Ohren Sie uns herabge-

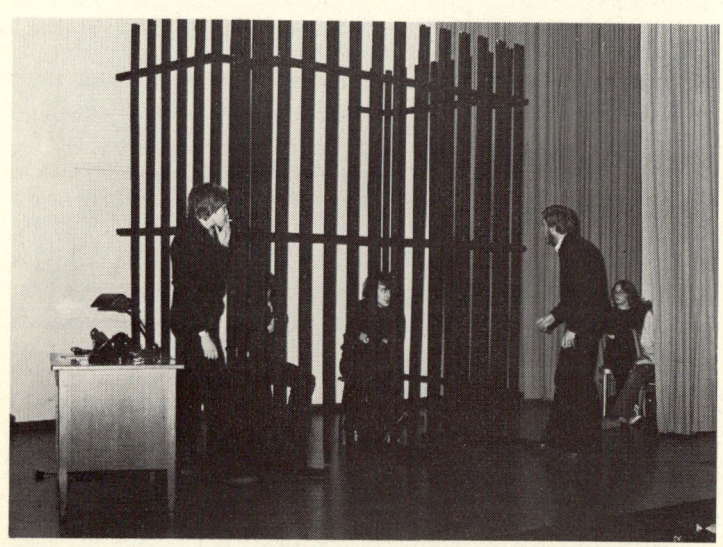

setzt haben, den Mut hätten, als Zeugen auszusagen, vielleicht, Euer Ehren... es tut mir leid, das sagen zu müssen, weil Sie ein alter Mann sind und ich einen alten Vater habe... vielleicht würden Sie heute da stehen, wo wir jetzt stehen, und zwar dann zu Recht.

Ich wünsche keinem Hund und keiner Schlange, nicht der niedrigsten und elendesten Kreatur auf Erden hier, das, was mir zugestoßen ist.

Ich mußte leiden, weil ich ein Radikaler bin. Ich mußte leiden, weil ich ein Italiener bin. Sie können mich nur einmal töten... aber ich bin überzeugt: wenn es anging, würden Sie mich gleich zweimal hinrichten lassen, und wenn ich zweimal wiedergeboren werden könnte, ich würde so leben, wie ich gelebt habe und tun, was ich getan habe. Mehr habe ich nicht zu sagen.

THAYER Es wird beschlossen und angeordnet durch dieses Gericht, daß Sie, Nicola Sacco, durch einen Stromstoß, der durch Ihren Körper zu leiten ist, sterben sollen, und zwar in jener Woche, die mit Sonntag, dem 10. Tag des Juli im Jahre unseres Herrn 1927, beginnt. Dieses Urteil ist rechtskräftig. Es wird beschlossen und angeordnet durch das Gericht, daß Sie, Bartolomeo Vanzetti... durch einen Stromstoß, der durch Ihren Körper zu leiten ist, den Tod erleiden werden...

(Licht aus. Die Personen der Szene verlassen die Bühne. Eine weibliche Gestalt, eventuell dieselbe Person wie in der Szene mit den beiden Frauen, steht auf der dunklen Bühne. Sacco und Vanzetti wieder in ihren Zellen)

FRAU Aufgefordert hat uns der Dichter:
»Wenn in einer Stadt ein Unrecht geschieht,
so muß ein Aufstand sein. Und wenn da kein
Aufstand ist, so wäre es besser, daß die Stadt
unterginge, durch Feuer, ehe es Nacht ist.«
Wo war der Aufstand?
Wo war der Untergang?
Und was ist mit uns,
die wir so viel Unrecht dulden
und uns nicht einmal
die Mühe machen,
altes Unrecht Unrecht zu nennen
und Recht Recht?
Gehen auch wir demnächst unter?
(Licht aus. Spot auf Erzähler)

ERZÄHLER Die einzige Möglichkeit, die nach Verkündung des rechtskräftigen Urteils noch bleibt, um das Leben der beiden Männer zu retten, ist der Gnadenweg. Gouverneur Fuller könnte Sacco und Vanzetti begnadigen.

Am 1. Juni 1927 gibt er die Ernennung eines Komitees bekannt, das ihn bei seiner Entscheidung beraten soll.

Am 3. August 1927 lehnt der Gouverneur die Begnadigung ab. Am 7. August wird der Bericht des beratenden Komitees veröffentlicht. Darin wird festgestellt:

Die Angeklagten haben einen fairen Prozeß gehabt. Die Angeklagten sind nach menschlichem Ermessen schuldig. Es besteht kein triftiger Grund zur Wiederaufnahme des Verfahrens. Braintree und Bridgewater waren nicht das Werk professioneller Verbrecher, vielmehr seien beide Verbrechen von Männern, unerfahren in solchen Taten, ausgeführt worden.

Am 19. August lehnt ein Richter des Obersten Gerichtshofes der USA eine Irrtums-Petition ab. Begründung: die Angeklagten hätten von einem nicht für sie zuständigen Gericht verurteilt worden sein müssen, um einer solchen Eingabe stattzugeben. Dies sei nicht der Fall gewesen.

Nach Bekanntwerden dieser Entscheidung kommt es bei Vanzetti zu einem Nervenzusammenbruch. In geistiger Verwirrung schreibt er folgenden Brief:

(Lichtwechsel. Spot auf Vanzetti, der in dem Zellenteil der Bühne vorn an die Rampe tritt)

VANZETTI *(ins Publikum)*

Neue Ära-Jahr I

Meine Feinde machen mich zur Zielscheibe ihrer Kanonen. Jede Nacht schießen Sie auf mich und wollen mich töten. Bitte, schickt so schnell wie möglich diese Instruktion an das Bostoner Verteidigungskomitee.

Liebe Freunde vom Komitee:

Ich hoffe, Ihr habt sofort meinen Befehl zur Mobilmachung über Radio an alle Nationen der Welt weitergegeben.

Große Korps sind in Marsch gesetzt, wenn ich die Meldungen in der letzten Nacht recht verstanden habe.

Trefft Vorkehrungsmaßnahmen für die Überquerung des Rio Grande und des Panama-Kanals, nützt die Küste aus.

Schickt Noten an den König von Italien und den Papst. Ich möchte all meine Zeugen sehen. Setzt mich telegraphisch über alle Vorgänge und Einzelheiten ins Bild.

(Lichtwechsel. Spot auf Erzähler)

ERZÄHLER Das ist natürlich der Brief eines Menschen, der eine Geistesstörung durchmacht. Vanzetti hat aber auch dies gesagt:

(Lichtwechsel. Zelle)

VANZETTI *(sitzt wieder an seinem Tisch, schreibt und liest vor):*

…wenn es nicht so gekommen wäre, hätte ich vielleicht bis zu meinem Lebensende an der Straßenecke zu höhnenden Menschen gesprochen. Ich wäre gestorben, unbeachtet, unbekannt, ein Versager. Nun haben wir nicht umsonst gelebt. Das ist unsere Laufbahn und unser Triumph. Niemals in unserem ganzen Leben hätten wir darauf hoffen können, solch eine Tat für die Toleranz, für die Gerechtigkeit, für das gegenseitige Verständnis der Menschen zu vollbringen wie nun durch Zufall.

(Licht aus. Projektion: die Freiheitsstatue. Projektion weg. Auf dem anderen Teil der Bühne steht nun an der Stelle, an der

vorhin die Frau stand, ein Mann, vielleicht jener Schauspieler,
der den zweiten Verteidiger dargestellt hat. Er sagt:)

MANN Jahrzehnt später hat ein französischer Philosoph, Albert
Camus, in »Der Mythos von Sisyphos – ein Versuch über das
Absurde« folgenden Satz geschrieben:
»Nur lehrt Sisyphos uns die größere Treue, die die Götter leugnet
und die Steine wälzt. Auch er findet, daß alles gut ist. Dieses
Universum, das nun keinen Herrn mehr kennt, kommt ihm
weder unfruchtbar noch wertlos vor. Jedes Gran dieses Steins,
jeder Splitter dieses durchnächtigten Berges bedeutet allein für
ihn eine ganze Welt. Der Kampf gegen Gipfel vermag ein
Menschenherz auszufüllen. Wir müssen uns Sisyphos als einen
glücklichen Menschen vorstellen.«

VERTEIDIGER Eigentlich, Vanzetti, haben mich die Fakten, die
mir im Lauf des Prozesses zur Kenntnis gelangten, immer mehr
in dem Eindruck bestärkt, daß Sie unschuldig sind… aber …
jeder Mensch kann sich irren. Sie haben jetzt nichts mehr zu
verlieren. Ich stelle Ihnen noch einmal unter vier Augen die
Kardinalfrage. Sind Sie schuldig?

VANZETTI Da kann ich Sie völlig beruhigen. Ich begreife, welche
Enttäuschung es für Sie wäre… sich für jemanden so einsetzen:
und dann stellt sich irgendwann dennoch heraus, sie waren
schuldig. All diese verschwendete Energie, der verschwendete
Glauben. Nein, ich bin in beiden Fällen voll und ganz unschuldig.
Wissen Sie, die meisten Amerikaner haben ein so tiefsitzendes
Mißtrauen gegenüber Fremden… auch gegenüber einer Lebens-
art und Überzeugungen, die ihnen fremd sind. Sacco und ich
wären nie verurteilt worden, wenn wir nicht Anarchisten gewesen wären… so betrachtet, sterbe ich für meine Gesinnung.

1. VERTEIDIGER Und da ist noch etwas, um das ich Sie bitten
wollte. Ich verspreche mir viel davon. Könnten Sie nicht eine
öffentliche Erklärung abgeben, in der Sie Ihren Freunden raten,
nach Ihrer Hinrichtung von Gewalttaten und Racheakten
Abstand zu nehmen?
Ich weiß wohl, daß Sie meine Weltanschauung nicht teilen. Mir
andererseits nötigt jeder Mensch Achtung ab, der nach altruistischen Prinzipien lebt und bereit ist, sein Leben für solche
Prinzipien einzusetzen. Wenn Ihre Freunde Furcht und Schrek-
ken verbreiten, wird damit der Sache, für die Sie gestorben sind,
ein schlechter Dienst erwiesen werden.

VANZETTI Eine solche Erklärung werde ich nicht abgeben.

1. VERTEIDIGER Ich wünschte, ich könnte Sie überzeugen.

VANZETTI Es geht mir nicht um persönliche Rache. Aber wer etwas verändern will, der darf nicht bloß stillhalten. Er muß kämpfen. Und es geht um das Prinzip des Unrechts. Man hat zwei Menschen gequält, gedemütigt. Man hat Recht und Gerechtigkeit verhöhnt... und Sie verlangen, man solle danach zur Tagesordnung übergehen.

1. VERTEIDIGER Gewalt läßt sich nie begrenzen. Wie wollen Sie verhindern, daß Dinge geschehen, die Sie nie billigen würden?

VANZETTI Solange Menschen Herrschaft über Menschen ausüben, wird das Unglück kein Ende haben.

SACCO (der bisher sich um die Unterhaltung nicht gekümmert hat) ... solange es den Gegensatz von arm und reich gibt.

VANZETTI Alle altruistischen Ideen sind dem Hirn eines genialen Menschen entsprungen. Später wurden sie verstümmelt, später wurde daraus Torheit und schrecklicher Egoismus. Und warum. Meiner Meinung nach... weil Menschen wieder und wieder der Versuchung erlagen, Herrschaft auszuüben. Nehmen Sie nur das Christentum. Einfach und aufrichtig hat es begonnen. Zuerst waren die Christen selbst Unterdrückung und Verfolgung ausgesetzt. Aber kaum war aus einem kleinen Häuflein Gläubiger eine Einrichtung geworden... eine Staatsreligion und aus der Gemeinschaft von Schwestern und Brüdern eine Rangordnung von oben und unten, da begannen wieder Menschen Herrschaft über andere auszuüben.

1. VERTEIDIGER Zugegeben... aber geblieben ist das Gebot: du sollst deine Feinde lieben!

VANZETTI Ein übermenschliches Gebot.

1. VERTEIDIGER Nun ja... als Christ glaube ich an die Unsterblichkeit. Ich weiß, Sie teilen diesen Glauben nicht. Gestatten Sie mir trotzdem diese Bemerkung: Wenn es so etwas gibt wie Unsterblichkeit, so bin ich davon überzeugt, daß Sie ihrer teilhaftig werden.

VANZETTI ... ein paar Jahre Leben in dieser Welt wären mir lieber. (Er geht auf und ab) Aber um noch einmal darauf zurückzukommen, wenn wir uns hier schon Bekenntnisse machen: Der Kern allen Übels liegt darin, daß einige Menschen durch die wirtschaftliche Situation in der Lage sind, die mehr einfältigen und idealistisch Gesinnten ihrer Artgenossen zu unterdrücken. Mein letztes Wort: Diese Gesellschaftsordnung beruht auf Gewalt, übt ständig Gewalt, sie betet die Gewalt an. Sie muß sich nicht wundern, wenn sich die Gewalt, die sie den Menschen aufzwingt, auch einmal gegen sie wendet.

Ich möchte dieses Gespräch jetzt nicht weiter fortsetzen. Ich möchte jetzt allein sein. Aber ich danke Ihnen, daß Sie noch einmal gekommen sind.

(Die beiden Männer geben sich die Hand)
Blackout.

Neunte Szene
(Hinrichtung und Freispruch)

ERZÄHLER In den frühen Morgenstunden des Dienstag, den 23. August 1927, werden Nicola Sacco und Bartolomeo Vanzetti in den Hinrichtungsraum gebracht. Geistigen Beistand haben sie abgelehnt.

(Gruppe von Männern vor der Tür des Raumes, in dem der elektrische Stuhl steht, der unsichtbar bleibt. Sacco und Vanzetti kommen mit den Wachen)

SACCO *(bevor er durch die Tür gedrängt wird)* Leb wohl, mein Weib, lebt wohl, meine Kinder, lebt wohl, meine Freunde! *(nach einem kurzen Augenblick von drinnen)* Es lebe die Anarchie!

VANZETTI *(Vanzetti kommt mit dem Wächter, bleibt an der Tür stehen)* Ich möchte wiederholen, daß ich unschuldig bin. Ich habe nie ein Verbrechen begangen, jedoch manche Sünde. Ich danke allen, die für mich eingetreten sind. Ich bin ein unschuldiger Mann. Auch mein Schicksalsgenosse war unschuldig.

(Sie packen ihn) Ich vergebe den Männern, die mir dies antun!

(Licht aus. Ein Augenblick noch das Ticken von Schalthebeln)

EIN WÄRTER Nach dem Gesetz erkläre ich Nicola Sacco und Bartolomeo Vanzetti für tot und das Urteil für vollstreckt, Gentlemen, gehen wir...!

Blackout. Völlige Stille. Dann langsamer Beginn des Sacco-und-Vanzetti-Liedes. Gegen dessen Ende zu wird es langsam hell. Alle Mitspieler (auch der Erzähler) *kommen nun auf die Bühne und gehen vor zur Rampe. Nachdem das Lied zu Ende ist, tritt einer vor und sagt:*

MANN Es gibt keinen allgemeinen akzeptierbaren Maßstab für Zivilisiertheit. Weder Reichtum noch das Maß an Komfort, weder die durchschnittliche Lebensdauer noch der Zuwachs an

Wissen können dafür gelten. Wenn aber nun all diese Maßstäbe nicht Allgemeingültigkeit beanspruchen können – wäre dann vielleicht das Ausmaß, in dem in einer Gesellschaft Gerechtigkeit sich vollzieht, und der Grad, in dem Menschen gegenüber Unrecht sensibilisiert sind und es zu verhindern trachten, ein solcher Meßwert?

ERZÄHLER *(nun auf der Bühne)*
Am 8. August 1977 verkündete der Gouverneur des Bundesstaates von Massachusetts im State House auf Beacon Hill:
(der Sprecher des Gouverneurs tritt neben ihn)

GOUVERNEUR Weil Nicola Sacco, geboren 1891, und Bartolomeo Vanzetti, geboren 1888, beide hingerichtet kurz nach Mitternacht am 23. August 1927, keinen fairen Prozeß hatten...

RICHTER ... weil Richter und Staatsanwalt voreingenommen gegen Ausländer und Radikale waren...

STAATSANWALT ... weil im Prozeß ein Klima politischer Hysterie geherrscht hat...

GOUVERNEUR soll nun jeder Makel und Schimpf für immer von ihren Namen und dem ihrer Familien und Nachfahren genommen werden.
(Gouverneur, Richter, Staatsanwalt treten wieder unter die anderen Darsteller zurück)

ERZÄHLER Dies war die Ballade von Sacco und Vanzetti: 50 Jahre schuldig tot. Jetzt unschuldig tot.
Wann werden jene dunklen Zeiten enden, da der Mensch noch des Menschen Wolf ist?
Wann?
Niemals?

Autor und Verlag ermuntern zur Aufführung der in diesem Buch enthaltenen Stücke. Von Laienaufführungen, bei denen kein Eintritt erhoben wird, sind keine Tantiemen zu entrichten. Bei professionellen Aufführungen muß eine Vereinbarung mit Verlag oder Autor getroffen werden.

Der Autor dankt der Stadtbücherei Duisburg, der Stadt und der Stadtbücherei Offenbach, ohne deren finanzielle und ideelle Unterstützung die Theaterarbeit mit den Schulen nicht möglich gewesen wäre. Sein besonderer Dank gilt dem Schulleiter des Max-Planck-Gymnasiums, Herrn Spartz, und dem Deutschlehrer, Herrn Günter Schumacher, sowie in Offenbach dem Leiter der Stadtbücherei Ernst Buchholz, dem Schulleiter der Geschwister-Scholl-Schule, Herrn Manfred Groß, und dem Deutschlehrer, Herrn Wilhelm Peter Waldenmayr.

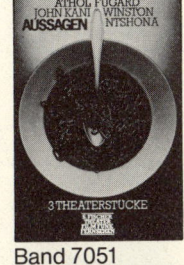

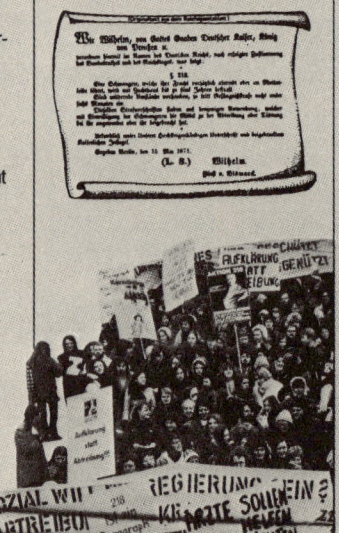

Das neue Narrenschiff

Erzählungen für junge Leute
Herausgegeben
von Christel Schütz

»Wie oft weiß nicht ein Narr, durch
töricht Unternehmen / Viel tausend
Toren zu beschämen!« schrieb Christian
Fürchtegott Gellert 1746. Während
Johann Wolfgang von Goethe wußte:
»Unter allem Diebsgesindel sind die
Narren am schlimmsten; sie rauben
euch beides, Zeit und Stimmung.«

Es ist lange her, daß Gellert und Goethe
sich so verschieden über Narren äußer-
ten. Das älteste und bekannteste
Buch über Narren erschien
aber bereits 1494 mit
dem Titel »Das Narren-
schiff«. Der Autor, Sebastian
Brant, dachte sich mehr als
100 Narren auf einem Schiff
versammelt, das nach Narra-
gonien fährt. Ein jeder dieser
Narren stellt die Personifikation
eines gesellschaftlichen Miß-
standes oder einer mensch-
lichen Torheit dar und wird
vom Dichter charakterisiert
und angeprangert. Für ihn
ist Narrheit Sünde, und
für eingefleischte Narren
gibt es nur ein einziges Heil-
mittel: Selbsterkenntnis.

Ob es daran lag, daß es damals soviele
Narren gab, oder ob man gern etwas
über Narren las, jedenfalls wurde »Das
Narrenschiff« zum größten deutschen
Bucherfolg vor Goethes »Werther«.

Und wie steht es heute mit den Narren?
Eine Reihe von deutschsprachigen
Autoren und Autorinnen meinen, daß es
sie immer noch gibt, und in eben so
verschiedene Gewänder gekleidet, wie
Goethe und Gellert sie beschrieben
haben.

FISCHER
BOOT

Fischer Taschenbuch Band 7501

KÖNIG KUPFERKOPF

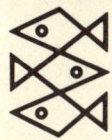

MELCHIOR SCHEDLER

Wacki Schmerling geht's dick ein. Nicht bloß, weil er die Dickwurst der 5e ist. Sondern auch weil er von allen immerzu gedeckkelt wird. Aber dafür hat er den mächtigsten Freund, den man sich nur vorstellen kann: den weltberühmten Helden aus Buntmetall. **König Kupferkopf preschte aus der Felsschlucht hervor in rasendem Ritt. Das rote Metall seines Gesichtes glänzte wie Feuer im Schein der untergehenden Sonne. Mit heißen Ohren verfolgt Wacki jeden Samstag die** Abenteuer seines Freundes im Fernsehen. **Es beginnt mit einem schwarzen Schrei. Der so schwarz ist wie die Nacht, bevor die Welt erschaffen wurde. Da blinkt etwas auf. Wird größer. Etwas wie eine rote Flamme. König Kupferkopf! Er galoppiert direkt auf den Zuschauer zu. In seiner Not schreibt Wacki an den Freund: Ich rufe dich um Hilfe weil ich stecke bis zum Hals in der Scheise.**

FISCHER BOOT ❊❊

KINDERROMAN

Fischer Taschenbuch Band 7502

Kindergeschichten
schön illustriert

Fischer Taschenbücher

Unheimliche Geschichten aus aller Welt

Chinesische Gespenstergeschichten
Band 1653

Die Schrecken der Meere
12 unheimliche Geschichten
Band 1732

Hanns Heinz Ewers
Geschichten des Grauens
Band 1789

Französische Gespenstergeschichten
Band 596

Gespenstergeschichten aus London
Band 2817

Gespenstergeschichten aus Österreich
Band 2814

Gespenstergeschichten aus Polen
Band 1995

Gespenstergeschichten aus Skandinavien
Band 2813

Irische Gespenstergeschichten
Band 1716

Theodore Sturgeon
Blutige Küsse
Horror-Roman
Band 1485

Schottische Gespenstergeschichten
Band 1673

Gespenstergeschichten aus Wales
Band 2803

Fischer Taschenbücher

Cartoons

im Fischer Taschenbuch Verlag

Band 1856

Band 2507

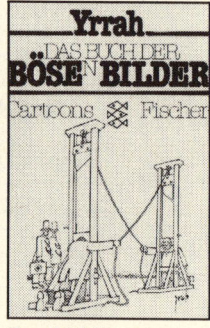

Band 2415

Band 2441

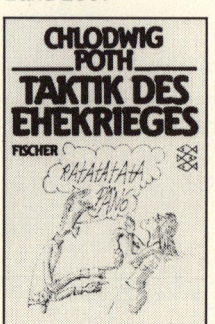

Band 2484

Band 2491